BILAN DE LA VIE ASSOCIATIVE

2012-2014

ISBN : 978-2-11-010052-8

Le Haut Conseil à la vie associative

Instance de consultation et d'expertise créée par décret n° 2011-773 du 28 juin 2011, introduit à l'article 63 de la loi n° 2014-856 du 31 juillet 2014 relative à l'économie sociale et solidaire.

> «I. - Il est institué un Haut Conseil à la vie associative, instance consultative placée auprès du Premier ministre.
> Le Haut Conseil est saisi des projets de loi et de décret comportant des dispositions spécifiques relatives au financement, au fonctionnement ou à l'organisation de l'ensemble des associations.
> Il peut se saisir de toute question relative aux associations, quel que soit leur secteur d'activités, et peut être saisi par au moins cent associations couvrant au moins trois régions et ayant un objet statutaire comparable sur toute question intéressant l'ensemble des associations.
> Le Haut Conseil a également pour missions de proposer toutes mesures utiles au développement de la vie associative et de formuler des recommandations en vue d'améliorer la connaissance des réalités du secteur associatif.
> Le Haut Conseil établit tous les deux ans un bilan de la vie associative.
> II. - Un décret fixe les modalités de fonctionnement et de désignation des membres du Haut Conseil, en favorisant l'égal accès des femmes et des hommes en son sein.»

Le présent bilan a été réalisé sous la coordination de Michel de Tapol, membre du Haut Conseil à la vie associative, et de Chantal Bruneau, secrétaire générale du Haut Conseil à la vie associative.

Les auteurs :

Nadia Bellaoui, présidente du Mouvement associatif, p. 15-18

Édith Arnoult-Brill, vice-présidente du Conseil économique, social et environnemental, p. 19-21

Viviane Tchernonog, chercheur au centre d'économie de la Sorbonne (CNRS), p. 23-26

Lionel Prouteau, économiste à l'université de Nantes, membre du laboratoire d'économie et de management Nantes-Atlantique (CNRS), p. 37-40

Laurent Lardeux, chargé d'étude et de recherche à l'Institut national de la jeunesse et de l'éducation populaire (INJEP), p. 41-46

Véronique Busson, chargée de mission «volontariats» à Cotravaux, p. 57-61

Susana Szabo, membre de France Bénévolat, p. 101-104

Nicole Alix, Hélène Beck, Joëlle Bottalico, Brigitte Clavagnier, Dominique Lemaistre, Gérard de La Martinière, Bénédicte Menanteau, Véronique Quet, Michel de Tapol, membres du Haut Conseil à la vie associative, ont également apporté leur contribution, ainsi que Yannick Blanc, Charlotte Debray, Frédérique Pfrunder, Hubert Pénicaud, Stéphanie Rizet.

Table des matières

PRÉFACE DU MINISTRE 9

AVANT-PROPOS 11

L'engagement des associations, l'engagement dans les associations 13

Chapitre 1
Le contexte associatif en 2014 15

Les points de sortie de la Conférence de la vie associative de 2009 15
- La place des associations dans le dialogue civil 15
- Les relations pouvoirs publics-associations 16
- La reconnaissance et la valorisation de l'engagement bénévole et volontaire 16

De la CPCA au Mouvement associatif 17
- Un contexte associatif en forte évolution 17
- Un travail de refondation pour un projet ambitieux 18
- L'engagement associatif Grande Cause nationale 19

Le CESE et les associations 21
- La désignation des représentants associatifs au CESE 21
- L'implication du groupe des associations dans la vie du CESE 21
- L'intergroupe de l'économie sociale et solidaire 23

Chapitre 2
Données générales sur les associations et les fondations 25

Le paysage associatif français entre crise et mutations : les grandes évolutions 25
- Le paysage associatif 26
- Le travail des bénévoles 28
- Poids économique et mutations des financements 33
- Quelques transformations du tissu associatif 37

L'enquête de l'INSEE de septembre 2014 39
- Une réponse à de fortes attentes 39
- Quelle valeur ajoutée pour la connaissance des associations ? 40

La jeunesse dans la vie associative : 43
- Les jeunes : une jeunesse plurielle dans des cadres d'engagements élargis 43
- La participation électorale : un trompe-l'œil du niveau d'engagement 43
- Une évolution des engagements alternatifs et de l'appartenance associative 44
- De l'adhésion associative au bénévolat 45
- Clivages dans l'engagement et la participation 46
- Service civique et engagement 47
- Conclusion : responsabilisation *vs* subordination 47

La place des fondations et des fonds de dotation 48

Chapitre 3
L'engagement dans les associations 51

Le bénévolat 52
- Les travaux du HCVA 52
- L'engagement bénévole : quelles évolutions constatées, quelles évolutions souhaitées 53
- Une forme de reconnaissance de l'engagement : la VAE 56

Une autre forme d'engagement : le mécénat de compétences 57
- Pourquoi les entreprises en font-elles ? 58
- Comment les entreprises le pratiquent-elles ? 58

Le volontariat 59
- Présentation des différents dispositifs de volontariat 59
- Le service civique 60

Chapitre 4
La gouvernance dans les associations 67

Le secteur associatif n'échappe pas au questionnement général sur la gouvernance 67
- Une gouvernance confrontée aux spécificités associatives 68
- De la nécessité d'une bonne gouvernance au service du projet associatif 70

La question du renouvellement des dirigeants 76

Chapitre 5
L'engagement des associations dans la société 79

La Charte des engagements réciproques 79
- Les travaux préparatoires, le texte 80
- Les suites et les perspectives pour la vie associative 80

Les associations comme acteurs économiques 81
- La loi relative à l'économie sociale et solidaire et les associations 81
- Le financement des associations, les derniers travaux du HCVA 86
- Quelques précisions sur le mécénat des entreprises 90

L'association comme fabrique de citoyens 92

Chapitre 6
L'Europe et l'engagement associatif 95

Les conséquences des directives sur les associations françaises 95
- Quelques précisions 95
- Les conséquences pour le cadre général des relations pouvoirs publics-associations 97

Le bénévolat en Europe 103
- La diversité 103
- Tendances générales convergentes 105
- L'héritage de l'année européenne du bénévolat et du volontariat 106

Chapitre 7
Les derniers rapports parlementaires sur les associations 109

ANNEXES 111

1. Décret relatif au Haut Conseil à la vie associative (HCVA) 111

2. Liste des membres du HCVA 115

3. Liste des avis et des rapports adoptés par le HCVA 117

4. Charte d'engagements réciproques entre l'État, le Mouvement associatif et les collectivités territoriales 118

5. Membres du groupe des associations du Conseil économique, social et environnemental (CESE) 128

6. Travaux confiés au groupe des associations CESE 129

7. Liste des rapports au CESE en lien avec les associations et les fondations 131

8. Synthèse du rapport d'Yves Blein *Des simplifications pour les associations.* Octobre 2014 133

9. Avant-propos du rapport de la commission d'enquête sur les difficultés des associations. Novembre 2014 136

10. Principaux textes publiés depuis 2012 140

11. Bibliographie 147

Préface du ministre

C'est avec un grand plaisir, qu'en tant que Ministre en charge de la vie associative, je préface ce premier bilan présenté par le Haut Conseil à la vie associative.

C'est un exercice complexe que de faire ressortir les enjeux qui ont marqué la période 2012-2014 tant le foisonnement de ce secteur est grand.

Le thème général retenu me paraît particulièrement approprié : « L'engagement des associations, l'engagement dans les associations ». Dans une France que le Gouvernement veut rassembler autour de ses valeurs républicaines, ce sont des centaines de milliers d'associations et avec elles des millions de Français qui, aux côtés des pouvoirs publics, agissent pour la cohésion sociale.

Le monde associatif mobilise des énergies, répond à des besoins nouveaux ; il est aussi un lieu d'apprentissage de la citoyenneté et du « vivre ensemble ». Il transforme le quotidien et donne confiance. La désignation par le Premier ministre de l'engagement associatif comme Grande cause nationale 2014 a en ce sens marqué une étape importante dans la reconnaissance du rôle essentiel, et pourtant trop souvent méconnu, que les associations jouent dans la société civile, au service de l'intérêt général.

Le Haut Conseil à la vie associative, instance de consultation placée auprès du Premier ministre qui a pris la suite du Conseil national de la vie associative, est un outil de dialogue fondamental entre les associations et les pouvoirs publics. Grâce à l'expertise de ses membres, il permet d'éclairer les décisions publiques sur les sujets concernant la vie associative avec une analyse et des propositions nourries à la fois de pratiques de terrain mais aussi de réflexions théoriques.

Je me réjouis de l'existence d'une telle instance qui nous permet de faire vivre le partenariat associations/pouvoirs publics, source de construction de l'intérêt général, qui doit plus que jamais guider l'action de tous.

Patrick Kanner

Ministre de la Ville, de la Jeunesse et des Sports

Avant-propos

Voici la première édition du bilan de la vie associative réalisé par le Haut Conseil à la vie associative. Cette instance composée d'experts, placée auprès du Premier ministre qui, en 2011, a succédé au Conseil national de la vie associative, est « *saisie des projets de lois et de décrets comportant des dispositions spécifiques relatives au financement, au fonctionnement ou à l'organisation de l'ensemble des associations*[1] ». Le Haut Conseil a également pour mission de proposer toutes les mesures utiles au développement de la vie associative et, tous les deux ans, il est chargé de réaliser le bilan qui vous est présenté. Celui-ci se fera aussi l'écho de quelques travaux du Haut Conseil qui ont balisé les premières années de son existence.

Avec cet ouvrage, le HCVA a souhaité présenter l'essentiel de ce qui a marqué les associations et la vie associative de 2012 à 2014.

Au cours de ces trois années, les associations ont connu des évolutions, notamment dans leurs sources de financement. Une stagnation, voire une baisse, des financements publics a pu être observée, en particulier pour les associations prestataires de services. Dans le même temps, et pour compenser cette diminution, celles-ci ont ajusté leurs prestations et cela s'est traduit par une progression importante dans ce domaine. Cette démarche, imposée par une volonté de bonne gestion, a parfois généré un glissement vers un public financièrement mieux doté, au détriment de l'objet initial.

C'est ainsi que, répondant à une sollicitation de la ministre chargée de la Vie associative, le Haut Conseil a adopté un avis sur le financement privé des associations en proposant diverses préconisations pour diversifier les sources de financement.

Cette période est aussi celle des réflexions sur le rôle et la place des associations, surtout à la faveur des travaux conduits lors du projet de loi relatif à l'économie sociale et solidaire Ceux-ci ont permis de rappeler le poids économique des associations dans ce secteur et leur contribution à l'intérêt général. Mais, au-delà de la place des associations dans l'économie sociale, qui ne concerne qu'une minorité d'entre elles en tant qu'employeuses, c'est le rôle des associations dans la société, dans les territoires et au plus près des populations en lien avec les collectivités territoriales qui a été souligné. Les travaux conduits pour l'élaboration d'une nouvelle charte des engagements réciproques ont permis de réaffirmer la volonté d'un meilleur dialogue afin d'améliorer les relations entre collectivités, pouvoirs publics et cet acteur majeur que sont les associations. Ce nouveau texte, signé en février 2014, témoigne aussi du pouvoir d'agir des citoyens animé par les associations au service de tous.

La connaissance des associations et de ce qu'elles représentent a continué de progresser grâce à la réalisation d'une nouvelle édition, en 2013, de l'enquête de Viviane Tchernonog, renforcée en 2014 par une vaste enquête lancée

1 Décret n° 2011-773 du 28 juin 2011 relatif au Haut Conseil à la vie associative, repris à l'article 63 de la loi n° 2014-856 du 31 juillet 2014 relative à l'économie sociale et solidaire

par l'INSEE, portant sur plus de 30000 associations. Les premiers résultats devraient être publiés en 2015, apportant une photographie plus complète des associations

Un autre volet important sur lequel le Haut Conseil a engagé des réflexions dès ses premiers travaux est celui du bénévolat. Les bénévoles, acteurs de premier rang, doivent être encouragés dans leurs actions, soutenus, formés et accompagnés. Ainsi, le Haut Conseil a présenté des propositions pour faciliter l'engagement des actifs et la reconnaissance de cet investissement.

12,5 millions de bénévoles et plus de 1,3 million d'associations ne se résument pas à cet ouvrage. Cette modeste contribution se veut surtout un éclairage pour tout citoyen soucieux de mieux connaître les enjeux actuels et à venir pour les associations, afin de développer un dialogue toujours plus constructif avec les pouvoirs publics comme avec les financeurs privés, en toute indépendance.

Joëlle Bottalico
Vice-présidente du Haut Conseil à la vie associative

L'engagement des associations, l'engagement dans les associations

Pour l'année 2014, la Grande Cause retenue par le Premier ministre est celle de l'engagement et il est particulièrement heureux que le premier bilan du Haut Conseil à la vie associative soit réalisé cette année-là.

En effet, le principe même de l'association c'est l'engagement, fondement de sa vitalité, de sa présence dans tous les domaines de la vie quotidienne, près de chez soi ou à des milliers de kilomètres.

Cet engagement des associations devient possible grâce aux femmes et aux hommes, jeunes et moins jeunes engagés quelques heures par mois, par semaine ou par jour, au service de l'intérêt général.

Ainsi c'est ce thème de l'engagement, « L'engagement des associations, l'engagement dans les associations », qui guidera le déroulement de ce premier bilan.

Engagés aux côtés des associations et au service de l'intérêt général, les fondations et les fonds de dotation, bénéficiant de l'essor du mécénat depuis la loi Aillagon en 2003, constituent désormais des partenaires de premier plan. C'est pourquoi ce bilan montrera la part, notamment financière, qu'ils apportent aux associations.

Chapitre 1
Le contexte associatif en 2014

Les points de sortie de la Conférence de la vie associative de 2009

La dernière Conférence de la vie associative s'est déroulée en décembre 2009, elle a mis en réflexion plusieurs sujets qui concernent les associations et leurs acteurs au quotidien.

Trois grands thèmes avaient été retenus :
– « La place des associations dans le dialogue civil » ;
– « Les relations pouvoirs publics-associations » ;
– « La reconnaissance et la valorisation de l'engagement bénévole et volontaire ».

Ces trois thèmes ont donné lieu à divers travaux, réflexions, propositions et réalisations, échelonnés de 2010 à aujourd'hui.

LA PLACE DES ASSOCIATIONS DANS LE DIALOGUE CIVIL

Ainsi, concernant la place des associations dans le dialogue civil, après avoir tenté de définir des critères de représentativité à la suite du rapport intitulé « La représentation du monde associatif dans le dialogue civil », remis en septembre 2010 par Luc Ferry et le Conseil d'analyse de la société, il est apparu difficile de retenir des éléments qui soient incontestables, au moins au niveau national.

En effet, s'il s'agit de mettre en place une instance de dialogue représentative de l'ensemble des associations, plusieurs critères devraient être retenus pour essayer de couvrir le large spectre de la diversité associative : le secteur d'intervention de l'association, son champ géographique, sa taille en termes d'adhérents, de salariés, de budget…

L'ensemble de ces éléments paraît difficile à coordonner pour désigner les représentants du monde associatif. Il conviendrait, comme pour la représentation citoyenne ou syndicale, de procéder par l'élection, mais la première difficulté réside dans l'établissement du corps électoral.

Devant toutes ces questions, et afin de ne pas susciter des critiques qui auraient pu s'avérer justifiées, il a été décidé de renoncer au projet d'une instance nationale créée par l'État avec une prétention de représentativité.

Les travaux déjà entamés pour réformer le Conseil national de la vie associative ont donc été poursuivis et ont abouti à la création du Haut Conseil à la vie associative.

LES RELATIONS POUVOIRS PUBLICS-ASSOCIATIONS

Les relations entre pouvoirs publics et associations s'entendaient principalement sous l'angle financier. Des réflexions ont été initiées, dans un nouvel environnement résultant de l'exigence de prendre en compte les contraintes européennes liées à l'application des règles de la concurrence. L'Europe n'interdit pas l'attribution de subventions aux associations, mais, dès lors que celles-ci sont considérées comme des « entreprises » au sens européen, c'est-à-dire des organismes produisant et vendant des biens et des services sur un marché donné, elles doivent en respecter les règles afin de ne pas porter atteinte à la libre concurrence. Ainsi une circulaire du Premier ministre à l'ensemble des ministres a fixé les critères de compatibilité entre les règles européennes et le financement des associations par les pouvoirs publics. La circulaire a introduit les principales caractéristiques de la subvention, insistant sur le caractère marqué de l'initiative associative. Cette considération a conduit un certain nombre de collectivités territoriales à abandonner la subvention, par crainte d'une requalification en commande par le juge, et à fonctionner de plus en plus par appel d'offres. C'est ainsi que, dans la période allant de 2005 à 2011, la part de la commande publique dans les financements attribués aux associations passe de 17 % à 25 %[1].

À la demande des représentants d'associations et afin de clarifier et de sécuriser les modes de financement, des réflexions ont été conduites, à partir de 2013, pour parvenir à une définition légale de la subvention. L'opportunité de la loi relative à l'économie sociale et solidaire a permis d'inscrire cette définition dans un texte législatif.

LA RECONNAISSANCE ET LA VALORISATION DE L'ENGAGEMENT BÉNÉVOLE ET VOLONTAIRE

L'engagement constitue le fondement de la vie associative : pas d'association sans bénévoles et volontaires au service du projet. À partir des réflexions initiées dans le cadre de la Conférence de la vie associative, différents outils ou mesures ont été mis en place. On peut citer un travail autour de la reconnaissance des acquis de l'engagement bénévole, avec la création d'outils pour aider les bénévoles à les repérer, et un guide pour faciliter les méthodes de valorisation comptable de cette richesse pour les associations qui le souhaitent.

Les séances d'information sur les associations et le bénévolat auprès des jeunes, du collège à l'université, ont été multipliées afin de les encourager et de les accompagner dans leur engagement. Des travaux ont été développés pour prendre en compte ces engagements dans le cursus scolaire et universitaire.

La création du service civique en 2010, et son développement depuis, ont permis de répondre à cette envie d'engagement des jeunes dans les associations.

1 V. Tchernonog, *Associations, subventions, collectivités : mode d'emploi,* travaux présentés à l'occasion de la rencontre du 27 juin 2013.

La disponibilité de temps et la formation sont les deux besoins essentiels des bénévoles pour exercer leur mission, aussi, depuis 2013, les pouvoirs publics ont-ils engagé des réflexions sur la création d'un congé d'engagement des actifs afin de faciliter le bénévolat des milliers de personnes qui font vivre les associations au quotidien.

De la CPCA au Mouvement associatif

La CPCA (Conférence des présidents de coordinations associatives, devenue la Conférence permanente des coordinations associatives) est née, dans les années 1990, d'une volonté de grands réseaux et coordinations associatifs d'échanger sur les problématiques transversales à la vie associative, et de construire une interlocution commune avec les pouvoirs publics sur ces sujets. La CPCA a été créée et a grandi dans un contexte exceptionnel de développement des associations : croissance très forte de leur nombre, autour de 25 % par an; augmentation importante et continue de l'emploi associatif; renforcement de la consultation par les pouvoirs publics dans la mise en œuvre de leurs politiques. Face à ces évolutions, au rôle social mais aussi économique de plus en plus prégnant du monde associatif, l'utilité, voire la nécessité, d'une parole commune s'est confirmée et renforcée, avec des étapes importantes comme la signature de la première Charte des engagements réciproques avec l'État en 2001, l'émergence de CPCA régionales ou l'élaboration de plates-formes de propositions associatives dans le cadre des élections présidentielles de 2007 et de 2012.

UN CONTEXTE ASSOCIATIF EN FORTE ÉVOLUTION

Cependant, depuis quelques années, les associations semblent devoir faire face à une certaine crise de croissance. Confrontées à des évolutions majeures de l'action publique, en particulier pour les plus gestionnaires, au défi de la nature de l'engagement des bénévoles, bousculées dans certaines de leurs activités par le développement d'une concurrence du secteur lucratif et, en même temps, attendues en première ligne sur toujours plus de fronts, face aux crises économique, sociale et démocratique qui touchent la France depuis plusieurs années, beaucoup d'associations s'interrogent sur leur modèle, sur les évolutions nécessaires et celles qui mettraient en danger ce qu'elles sont, sur leur rôle et leur place dans l'économie. Et elles ne sont pas les seules à s'y intéresser. Après une période moins féconde, plusieurs rapports parlementaires ont traité, en 2014, de la question associative en termes de financement, de fiscalité et de modèle. Les discussions qui ont eu lieu au cours de ces deux dernières années dans le cadre du projet de loi pour l'économie sociale et solidaire ont aussi été l'occasion pour les associations – qui représentent 80 % de l'ESS telle qu'aujourd'hui définie – de s'interroger sur la place qu'elles veulent se voir reconnaître dans l'économie, et sur leurs liens, ou leurs différences, avec les autres acteurs identifiés de cette économie alternative.

Autant de sujets qui concernent l'ensemble des associations, quel que soit leur secteur d'activité, même si c'est avec des nuances, en fonction de leur modèle de fonctionnement, de leur taille ou de leur structuration. Les associations acquièrent la certitude qu'elles doivent se réinventer, repenser leurs pratiques, diversifier leurs ressources, créer des synergies avec les autres forces vives de leur territoire, initier des formes nouvelles de fonctionnement et d'élaboration collective qui permettront de mieux décider et de mieux agir... Mais il est difficile de faire face au changement dans une période bousculée et d'imaginer l'avenir seul. Se fédérer, savoir construire ensemble, utiliser la capacité collaborative qui est l'un des fondements de la vie associative sont donc plus que jamais les conditions de la réussite, et l'ambition de la CPCA, devenu Le Mouvement associatif, est de favoriser cette dynamique.

UN TRAVAIL DE REFONDATION POUR UN PROJET AMBITIEUX

C'est consciente de ces évolutions des associations et de leur environnement, des besoins et des attentes nouvelles générées que la CPCA a conduit en 2012 un travail de refondation important, sur les objectifs et les moyens à mettre en œuvre, sur ses statuts, sur son fonctionnement, la conduisant à conforter son projet fondateur de structurer une capacité d'interlocution avec les pouvoirs publics, tout en l'enrichissant d'une volonté d'assumer un rôle de corps intermédiaire capable de dialoguer avec les autres acteurs de la société. Les modifications statutaires doivent permettre l'ouverture, une certaine recomposition de la représentation associative et l'implication des régions dans la gouvernance nationale. Quatre grands chantiers clés sont définis pour organiser la réflexion et l'action : le bénévolat et le volontariat; l'économie; l'emploi; et le dialogue civil. Enfin, le changement de nom, de CPCA à Mouvement associatif, a été mené à bien, affichant ainsi le projet commun. Ce nom représente en effet une ambition; pas une ambition pour soi, mais une ambition pour le monde associatif. L'ambition d'une représentation forte, nourrie de la réalité associative, constructive. Fort des coordinations et des groupements historiques qui l'ont fondé, et qui continuent de faire tenir ensemble tout un pan de la vie associative, Le Mouvement associatif a la volonté de conforter de nouvelles dynamiques de coopération, permettant d'associer le plus largement possible dans l'identification des enjeux et l'élaboration des pistes pour l'avenir.

Il est important et symbolique, à cet égard, que le premier acte public et politique du Mouvement associatif ait été la signature, le 14 février 2014, de la Charte des engagements réciproques, avec l'État et les représentants des associations d'élus de collectivités territoriales. Ce texte constitue une reconnaissance de l'apport des associations aux territoires et aux politiques publiques, mais il est aussi un engagement des associations à être un partenaire loyal, transparent et exigeant vis-à-vis d'elles-mêmes. C'est le rapport politique dans lequel Le Mouvement associatif souhaite se placer : un partenaire à part entière, exigeant dans ce qui lui est dû au regard de ce qu'on lui demande, mais prêt à s'engager en retour, capable de comprendre des contraintes pour autant qu'elles soient justes et qu'elles s'appliquent dans le respect du dialogue. Il reste aujourd'hui à porter et à déployer la Charte sur l'ensemble des territoires, pour qu'elle soit réellement un outil au service du développement de la vie associative. Ce n'est pas le plus facile, mais c'est indispensable, d'autant que la réforme de l'organisation territoriale va conduire à largement rebattre les cartes de la relation entre associations et collectivités dans les prochains mois. Cela fait également écho à l'un des chantiers aujourd'hui prioritaires du Mouvement associatif, le soutien à la structuration de la parole associative à tous les échelons du territoire, et en particulier au niveau régional. Il est indispensable que, dans chaque région, des interlocuteurs associatifs structurés soient à même de porter la nécessité d'une relation partenariale avec les acteurs publics pour une co-construction des politiques sur lesquelles les associations interviennent; qu'ils soient en mesure de faire vivre la parole associative, avec ses spécificités, au sein de l'ESS; qu'ils soient des passerelles pour les acteurs privés des territoires qui, conscients de la dynamique associative et de ses apports, souhaitent en être les partenaires. Sachant que c'est de ces expériences, de ces réalités territoriales que peut se nourrir une représentation associative forte au niveau national.

L'ENGAGEMENT ASSOCIATIF GRANDE CAUSE NATIONALE

C'est également à l'occasion de la signature de cette charte[2] que le Premier ministre a annoncée que l'engagement associatif serait la Grande Cause nationale de l'année 2014. Considérant qu'une telle reconnaissance, même symbolique, pouvait servir la cause des associations, Le Mouvement associatif s'est mobilisé pour faire entendre et reconnaître la diversité associative auprès du grand public. Si tout le monde a, à un moment ou à un autre, croisé le chemin d'une association, peu de Français ont en réalité une idée précise de ce que représente la vie associative, de tous les champs dans lesquels elle est présente, de son apport à la société, dans toutes ses dimensions, y compris économique. C'est un message important à faire passer, pour que la dynamique associative soit mieux connue. «*J'aime ton asso*», le leitmotiv de la campagne de communication conduite dans ce cadre, était une façon d'exprimer que les associations sont un bien commun, que chacun a un jugement à porter sur elles non pas seulement parce qu'il y participe mais pour ce qu'elles apportent à la société.

Sans nier les difficultés auxquelles elles sont confrontées, notamment en matière budgétaire, au regard des réductions probables des financements publics, il était important, dans un climat morose, voire anxiogène, de rappeler que le modèle associatif attire toujours autant en termes d'engagement, et que les associations, avec leur modèle de fonctionnement, leur capacité collaborative et d'innovation, leurs valeurs démocratiques, sont totalement dans l'air du temps et porteuses de solutions. Les associations sont les mieux placées pour explorer ce que sera leur avenir, en défendant leurs valeurs fondamentales (projet collectif, engagement désintéressé, lien social...), tout en pensant aussi une nouvelle étape de leur développement. Elles en ont les moyens si elles le font ensemble, pour l'intérêt général, et en accueillant toutes les bonnes volontés qui se manifestent dans la société tout entière.

2 Voir le texte en annexe.

LE MOUVEMENT ASSOCIATIF

Il a pour objet :
– de faire reconnaître le monde associatif comme un corps intermédiaire à part entière pour un dialogue civil au service de l'intérêt général;
– de contribuer à promouvoir une vie associative qui vise à développer des projets d'intérêt général et des activités sans finalité lucrative et d'en être le porte-parole à travers une communication publique;
– de rassembler et de défendre l'ensemble des associations qui créent des liens sociaux, développent la citoyenneté participative, luttent contre les excès de l'individualisme, le racisme, le sexisme et la xénophobie; qui préservent ces valeurs pour une Europe plus sociale et plus solidaire et qui promeuvent la solidarité internationale;
– d'améliorer l'efficacité des membres par des stratégies ou des plates-formes communes, par le dialogue et/ou la négociation avec les autorités publiques;
– de rechercher une vision prospective de la vie associative autour de ses spécificités citoyennes et gestionnaires;
– de développer des partenariats avec toutes les organisations qui adhèrent aux mêmes valeurs et poursuivent les mêmes objectifs notamment sur le terrain de l'économie sociale.

Adhérant à la Charte des engagements réciproques avec la puissance publique et à la Charte de l'égalité, Le Mouvement associatif voit ses membres s'engager à :
– reconnaître au Mouvement associatif la légitimité de s'exprimer au nom de la vie associative, de représenter le mouvement associatif auprès des pouvoirs publics et d'en promouvoir les valeurs auprès de l'opinion publique;
– mettre en œuvre, dans leurs champs d'intervention, aux niveaux national et/ou régional, les regroupements et les rapprochements permettant de faire émerger ou de renforcer des interlocuteurs associatifs identifiés, représentatifs et structurés;
– faire vivre une éthique de la représentation associative fondée sur nos valeurs de démocratie (non-cumul des mandats, renouvellement, diversité), d'engagement désintéressé (bénévolat) et de poursuite de l'intérêt général des associations (diversité des structures représentées, secteurs et tailles);
– contribuer à nourrir les travaux de recherche et de prospective pour renouveler la pensée sur les associations et étayer nos argumentaires en faveur de leurs spécificités méritoires;
– mobiliser Le Mouvement associatif sur des causes d'intérêt général dépassant les champs d'intervention sectoriels de ses membres et s'engager dans les actions de mobilisation associative décidées au sein du Mouvement associatif pour montrer, en actes, la force de l'union.

Le CESE et les associations

LA DÉSIGNATION DES REPRÉSENTANTS ASSOCIATIFS AU CESE

Le Conseil économique, social et environnemental, troisième assemblée constitutionnelle de la République après l'Assemblée nationale et le Sénat, est composé des représentants de la société civile organisée répartis en trois pôles : « vie économique et du dialogue social »; « cohésion sociale et territoriale et de la vie associative »; «protection de la nature et de l'environnement ». Assemblée consultative, elle produit des avis sur saisine du Premier ministre ou des présidents de l'Assemblée nationale et du Sénat. Elle peut également être saisie par voie de pétition. De plus, elle s'auto-saisit d'avis et/ou établit des rapports destinés à éclairer le gouvernement et le Parlement sur l'ensemble des sujets touchant aux trois compétences du Conseil.

La réforme de 2008 a institué un groupe des associations élargi à huit membres : quatre désignés par le ministre chargé de la Vie associative sur proposition du CNVA par voie d'élection; trois nommés par le ministre chargé de la Vie associative; un représentant de la Fondation de France choisi par cette dernière.

Le groupe des associations[3] fait régulièrement appel aux contributions des associations concernées par les sujets traités, auprès des têtes de réseau au niveau national, régional, départemental ou des associations locales.

En outre, le groupe des associations entretient des relations avec les conseils économiques, sociaux et environnementaux régionaux (CESER). Une rencontre annuelle au palais d'Iéna permet d'échanger sur les travaux en cours de part et d'autre, sur l'actualité de la vie associative... Le groupe des associations et des fondations participe aussi à l'accueil des délégations des CESER (issues du troisième collège : associatifs, ESS, personnalités qualifiées) qui rendent visite au CESE.

L'IMPLICATION DU GROUPE DES ASSOCIATIONS DANS LA VIE DU CESE

La présence dans les diverses formations de travail

Le Conseil compte neuf sections et trois délégations. Cependant, un certain nombre d'avis ont été élaborés par des commissions temporaires : « économie sociale et solidaire », « dépendance », « rapport annuel sur l'état de la France », « bilan du Grenelle de l'environnement ».

D'une manière plus générale, le groupe des associations assure l'expression de la parole associative dans toutes les sections et les délégations du CESE dans lesquelles siègent ses conseillers et ses conseillères. Les projets d'avis et de rapports concernent directement ou non le fait associatif. Aussi, le groupe défend et promeut la vision que le monde associatif porte sur les différents sujets relevant des champs économique, social et environnemental

3 Voir la liste des membres en annexe.

et, plus largement, sur les questions de société qu'ils sous-tendent. Ainsi le groupe des associations a été présent dans la quasi-totalité des formations de travail du Conseil[4].

Les présidents et les vice-présidents

Au-delà de sa participation active aux travaux du Conseil, le groupe des associations exerce des responsabilités particulières au sein du bureau et des formations de travail :

- Édith Arnoult-Brill est vice-présidente du CESE et à ce titre siège au bureau;
- Philippe Da Costa est président de la section de l'éducation, de la culture et de la communication;
- André Leclercq est vice-président de la section des activités économiques.

La participation à des groupes de travail au sein du Conseil

Vice-présidente du CESE, Édith Arnoult-Brill s'est engagée dans plusieurs commissions de travail mises en place par le bureau. Elle a notamment dirigé les travaux visant à formaliser la procédure pour le traitement de la pétition citoyenne, laquelle, définie par la Constitution et par la loi organique, permet aux citoyens français de saisir le CESE de toute question à caractère économique, social ou environnemental. Mme Arnoult-Brill est également membre du comité «projets» qui a pour mission d'examiner les demandes d'organisation de séminaires, de colloques au palais d'Iéna, avec ou sans partenariat du CESE. Elle est enfin membre du groupe de travail chargé de préparer le bilan de la mandature.

Hubert Allier participe quant à lui au groupe de consultation du CESE sur les indicateurs de richesse complémentaires au PIB, dans le cadre d'une collaboration menée avec France Stratégie.

La représentation du Conseil au sein des organismes extérieurs

Plusieurs membres du groupe des associations assurent la représentation du CESE au sein des organismes extérieurs durant la mandature 2010-2015 :

- Édith Arnoult-Brill, à la Commission nationale française de l'UNESCO;
- André Leclercq, à la Commission nationale des compétences et des talents, puis au Conseil supérieur des programmes, placé auprès du ministère de l'Éducation nationale, ainsi qu'au conseil d'administration de la Fondation du sport français Henri Sérandour;
- Hubert Allier, au Conseil national des services publics;
- Francis Charhon, au Conseil national du développement et de la solidarité internationale, placé auprès du ministère de la Coopération.

4 Pour les sections «éducation, culture et communication»; «affaires sociales et santé»; «aménagement durable des territoires»; «travail et emploi»; «affaires européennes et internationales»; «économie et finances»; «activités économiques». Pour les délégations «droits des femmes et égalité»; «prospective et évaluation des politiques publiques»; «outre-mer».

L'INTERGROUPE DE L'ÉCONOMIE SOCIALE ET SOLIDAIRE

Dans le prolongement de la saisine du Premier ministre sur des dispositions relatives au projet de loi sur l'ESS, l'intergroupe ESS est né de la volonté de rassembler les acteurs de l'économie sociale et solidaire présents au CESE : groupes des associations, de la mutualité et de la coopération. Co-rapporteur de l'avis et alors président du groupe des associations, Jean-Marc Roirant en a été l'initiateur, et depuis lors son président.

Dans la continuité de l'adoption de l'avis *Entreprendre autrement : l'économie sociale et solidaire,* l'intergroupe a contribué activement et de manière régulière à l'élaboration du texte de loi promulgué le 31 juillet 2014. Depuis, il veille à son application. Au fil du temps, il s'est élargi à des membres extérieurs au CESE (Le Mouvement associatif, UDES, Chambre française de l'ESS) et continue d'accueillir chaque mois un nouvel invité de marque (ministre, secrétaire d'État, membres de cabinet, financeurs de l'ESS, personnalités externes).

Chapitre 2
Données générales sur les associations et les fondations

Le paysage associatif français entre crise et mutations : les grandes évolutions[1]

La dernière édition de l'enquête «Paysage associatif français», conduite en 2011 et en 2012 par le centre d'économie de la Sorbonne, l'a été dans un contexte marqué par des mutations importantes et par la crise économique. Le processus de décentralisation se poursuit, et avec lui le transfert de compétences et de ressources de l'État vers les collectivités locales, qui explique la tendance, observée sur une longue période, au retrait de l'État et à une montée en charge des collectivités locales dans le financement des associations. Le contexte des déficits publics et les mesures qui lui sont associées accélèrent désormais ce processus. Les crises successives ont en outre eu pour conséquence une contraction des ressources non seulement publiques mais aussi privées, alors même que les besoins de solidarité, liés à la crise, se développent. L'objectif de cette enquête était double : dresser un état du paysage associatif et repérer les grandes évolutions structurelles intervenues depuis le dernier état du monde associatif, établi pour l'année 2005.

MÉTHODOLOGIE

L'enquête a été organisée à partir d'un échantillon de mairies qui ont distribué le questionnaire aux associations présentes sur leur territoire : cette méthodologie, déjà utilisée pour les précédentes enquêtes Paysage associatif, a prouvé son efficacité pour toucher le plus grand éventail d'associations. Elle introduit nécessairement des biais, qui sont identifiés et corrigés dans la présentation des résultats.

Le questionnaire adressé aux associations comprend 90 questions portant sur le profil de l'association (âge, aire d'intervention, types de public concernés, objet, nombre d'adhérents), les ressources budgétaires publiques et privées, l'emploi salarié, le travail bénévole et le profil des dirigeants. Les questions ont été le plus souvent posées dans les mêmes termes que dans l'enquête précédente, de façon à améliorer la qualité de la mesure des évolutions. L'échantillon soumis à l'analyse compte 7600 associations. Les données produites portent sur l'année 2011, et les évolutions présentées le sont comparativement à l'année 2005 pour les budgets, et à l'année 2006 pour le travail bénévole et le profil des dirigeants. Les évaluations monétaires ont été effectuées en euros 2012.

---

1 V. Tchernonog, *Le Paysage associatif français. Mesures et évolutions*, 2e édition, Dalloz Juris Associations, 2013, réalisé en collaboration avec Lionel Prouteau, Muriel Tabariés, Henri Noguès, Édith Archambault, Hugues Sibille, Erika Flahault, Colas Amblard, Odile de Laurens, Brigitte Clavagnier et Matthieu Hély.

LE PAYSAGE ASSOCIATIF

Une forte croissance des petites associations

Le nombre d'associations vivantes estimé à cette date est de l'ordre de 1 300 000. Le nombre d'associations a augmenté sur la période à un rythme annuel de 2,8 %, non négligeable mais moins rapide que dans la période précédente, où cette augmentation atteignait un taux de 4 %. L'augmentation du nombre d'associations a principalement été le fait des petites associations, et plus généralement des associations de bénévoles. Ces dernières représentent 86 % du nombre total d'associations, tandis que 183 000[2] ont recours à l'emploi de professionnels salariés, de façon régulière ou occasionnelle (voir graphique 1).

GRAPHIQUE 1 **Taux d'associations employeuses**

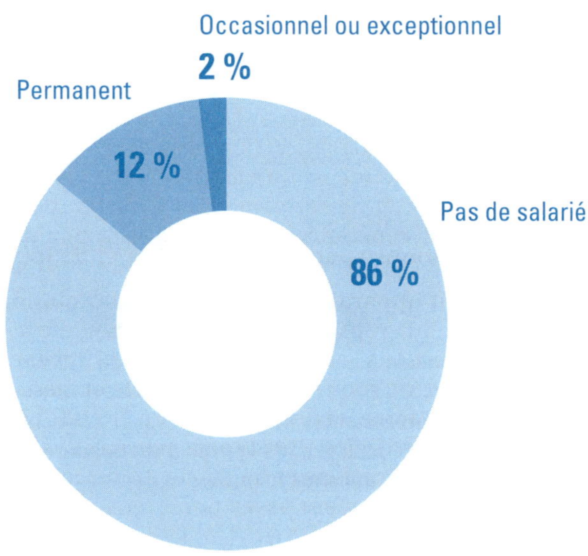

Source : V. Tchernonog, Le Paysage associatif français. Mesures et évolutions, *2e édition, Dalloz Juris Associations, 2013*

Le secteur associatif reste composé d'un très grand nombre de petites associations : 22 % des associations gèrent un budget annuel inférieur à 1 000 euros et réalisent un budget cumulé négligeable au total ; ces associations fonctionnent principalement à partir du travail bénévole et sont souvent organisées au niveau communal ou au niveau des quartiers. Leur nombre a augmenté à un rythme rapide, de 9 % par an en moyenne. À l'opposé, 2 % des associations gèrent un budget annuel supérieur à 500 000 euros et concentrent 70 % du budget cumulé du secteur associatif. La comparaison de la répartition selon la taille des associations aux deux dates d'observation montre que la part des associations de petite taille (moins de

2 Source : DADS (déclarations annuelles de données sociales).

10 k€) augmente de façon significative, tandis que les associations de taille moyenne voient leur part relative baisser. Le nombre des associations gérant un budget annuel supérieur à 500 k€ apparaît stable.

Un grand nombre de petites associations

TABLEAU 1 **Répartition des associations selon leur taille (en k€) et l'existence d'emploi salarié (en %)**

	Associations sans salarié	Associations employeuses	Ensemble	Rappel 2005
Moins de 1 k€	25%	5%	22%	15%
1 à 10 k€	55%	20%	49%	47%
11 à 50 k€	17%	28%	19%	26%
51 à 200 k€	2%	24%	6%	7%
201 à 500 k€	–	11%	2%	3%
Plus de 500 k€	–	13%	2%	2%
Total	100%	100%	100%	100%
Effectif d'associations	1117100	182900	1300000	1100000

Source : V. Tchernonog, Le Paysage associatif français. Mesures et évolutions, *2e édition, Dalloz Juris Associations, 2013*

NB : *Les structures peuvent varier légèrement d'un tableau à l'autre pour une même variable.*

Les associations sportives, culturelles et de loisirs : 66 % du total

Le secteur associatif apparaît dominé par les associations sportives, culturelles et de loisirs, qui représentent près de 66% du nombre total d'associations. Ces associations, en général actives au niveau du quartier ou de la commune, se révèlent souvent de petite taille et centrées sur l'activité de leurs membres; elles fonctionnent grâce à un travail bénévole important et en direction de publics de tous les types. Leurs ressources sont principalement constituées de cotisations et de subventions communales. Les associations militantes sont également assez nombreuses : 13% du nombre d'associations en activité.

Les associations du secteur médico-social et celles des secteurs de l'éducation et de la formation sont relativement peu nombreuses (respectivement 10,3% et 3,6% du nombre total d'associations), mais, à l'opposé des associations militantes, elles sont souvent de grande taille, actives en direction de publics fragiles ou en difficulté; elles font à appel à l'emploi de professionnels salariés et bénéficient d'importants financements publics (voir tableau 2).

TABLEAU 2 **Répartition des associations selon le secteur d'activité et l'existence d'emploi salarié dans l'association (en %)**

	Associations sans salarié	Associations employeuses	Ensemble	Rappel ensemble 2005
Action caritative et humanitaire	3,8 %	4,5 %	3,9 %	3,7 %
Action sociale, santé	8,6 %	20,9 %	10,3 %	11,3 %
Défense des droits et des causes	14,7 %	3,6 %	13,1 %	15,5 %
Éducation, formation, insertion	2,8 %	8,5 %	3,6 %	4,1 %
Sport	23,7 %	28,4 %	24,4 %	24,1 %
Culture	20,7 %	19,2 %	20,5 %	18,6 %
Loisirs et vie sociale	22,8 %	8,5 %	20,8 %	17,8 %
Économie et développement local	2,9 %	6,4 %	3,4 %	3,7 %
Total en %	100,0 %	100,0 %	100,0 %	100 %
Effectif d'associations	1 117 100	182 900	1 300 000	1 100 000

Source : V. Tchernonog, Le Paysage associatif français. Mesures et évolutions, *2e édition, Dalloz Juris Associations, 2013*

LE TRAVAIL DES BÉNÉVOLES

■ Un ralentissement de la croissance du travail bénévole

Selon l'enquête BVA-DREES, conduite en 2010 auprès d'un échantillon représentatif de Français, les bénévoles représentent 32 % de la population âgée de 18 ans et plus. Seize millions de personnes ont donc une activité bénévole, le plus souvent dans une association[3]. L'enquête conduite par le centre d'économie de la Sorbonne (CES), qui est adressée aux seules associations, permet d'appréhender deux types de données concernant le volume du travail bénévole, mesuré à partir du nombre d'heures de travail bénévole et du nombre de participations bénévoles[4] dont ont bénéficié les associations.

Le volume de travail bénévole a pu être estimé à 1 072 000 emplois en équivalent temps plein. Le travail bénévole apparaît très concentré dans le sport (25 % du volume total de travail bénévole), ainsi que dans la culture et les loisirs (respectivement 18 et 15 % du volume total de travail bénévole dans les associations).

3 *Enquête sur la vie associative en France en 2010. Résultats préliminaires*, Lionel Prouteau.

4 Un bénévole peut être actif dans plusieurs associations. En repérant le nombre de bénévoles présents dans les associations, on obtient le nombre de participations bénévoles.

TABLEAU 3 **Structure et évolution du travail bénévole selon le secteur d'activité**

	Volume du travail bénévole, en équivalent temps plein	Répartition en %	Évolution 2005-2012 en %
Action caritative et humanitaire	95000	8,9%	1,6%
Action sociale, santé	171000	16,0%	6,8%
Défense des droits et des causes	105000	9,8%	0,6%
Éducation, formation, insertion	42000	3,9%	5,9%
Sport	274000	25,5%	1,9%
Culture	189000	17,6%	3,3%
Loisirs	163000	15,2%	4,4%
Économie et développement local	33000	3,1%	- 1,2%
Total	1072000	100,0%	3,1%

Source : Le Paysage associatif français, *enquête du CNRS, centre d'économie de la Sorbonne, 2011-2012*

Le volume de travail bénévole apparaît toujours en expansion puisqu'il a augmenté dans la dernière période à un rythme annuel de 3%, non négligeable mais moins rapide que celui observé durant la période 1999-2005, marquant ainsi une certaine décélération de sa croissance.

L'enquête a en outre mis en évidence deux transformations majeures dans l'évolution du bénévolat. Dans les enquêtes précédentes, le développement du bénévolat avait principalement profité aux associations sans salarié, et accompagné la croissance importante de leur nombre, Ce sont désormais les associations employeuses qui bénéficient davantage de l'augmentation du travail bénévole : le volume de travail bénévole des associations employeuses a augmenté à un rythme annuel de 6,7%, bien plus élevé que celui des associations de bénévoles, de l'ordre de 1,9%.

GRAPHIQUE 2 **Évolution du volume du bénévolat et du nombre de participations bénévoles selon l'existence d'emploi salarié dans l'association**

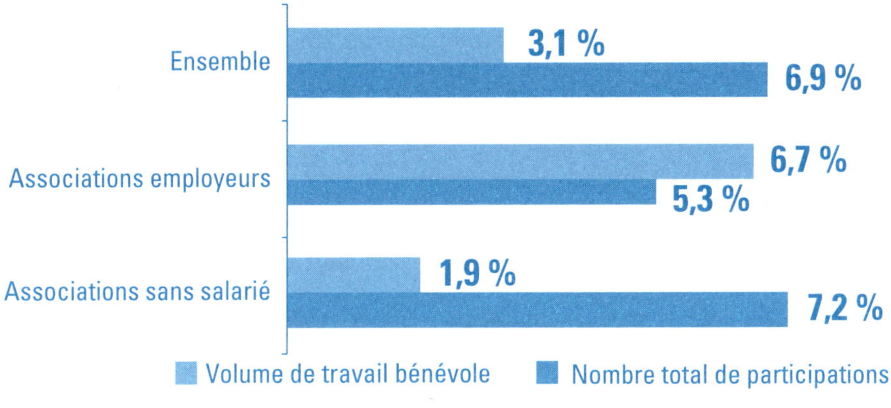

Source : V. Tchernonog, Le Paysage associatif français. Mesures et évolutions, *2e édition, Dalloz Juris Associations, 2013*

L'enquête conduite par le centre d'économie de la Sorbonne portant sur les associations ne permet pas de mesurer le nombre de Français bénévoles, puisqu'un bénévole peut être actif dans plusieurs associations, mais le nombre de contributions bénévoles dont ont bénéficié les associations. On parlera de participations bénévoles. L'évolution la plus notable observée dans les dernières années concerne l'augmentation particulièrement rapide (6,9 %) en moyenne annuelle du nombre de participations bénévoles[5].

Cette évolution peut être en partie expliquée par un changement des modalités du travail bénévole : les participations bénévoles semblent prendre plus souvent la forme de prestations ponctuelles de personnes par ailleurs peu engagées dans l'association, mais donnant un coup de main occasionnel. Les secteurs de la culture et des loisirs connaissent les taux de croissance du nombre de participations les plus élevés, ce qui peut s'expliquer par l'importance du nombre de petites associations qui animent les territoires durant l'été (voir graphique 2).

■ Une très lente évolution des structures dirigeantes

Les structures dirigeantes des associations, étudiées à partir des profils des présidents, des trésoriers et des secrétaires, apparaissent toujours caractérisées par l'importante présence des hommes, des cadres supérieurs, des cadres moyens, des enseignants, des seniors et, par voie de conséquence, des retraités.

TABLEAU 4 **Âge du président (en %)**

	Ensemble	Rappel 2005
18 à 35 ans	8 %	7 %
36 à 45 ans	13 %	14 %
46 à 55 ans	19 %	22 %
56 à 65 ans	26 %	25 %
Plus de 65 ans	34 %	32 %
Total	100 %	100 %

Source : V. Tchernonog, Le Paysage associatif français. Mesures et évolutions, *2e édition, Dalloz Juris Associations, 2013*

Les jeunes, les ouvriers, les demandeurs d'emploi sont toujours aussi peu représentés dans les structures dirigeantes. Le léger vieillissement observé des présidents d'associations – et des dirigeants plus généralement – tient en partie à l'arrivée à l'âge de la retraite des générations nombreuses du baby-boom. L'évolution sans doute la plus notable concerne l'augmentation du nombre de femmes dans toutes les fonctions dirigeantes des associations, et s'explique principalement par le renouvellement des associations, avec de jeunes associations dans lesquelles les femmes parviennent à être représentées dans la mesure où elles ont souvent participé à leur création.

5 Il s'agit du nombre de bénévoles par association. Cependant, un bénévole peut être actif dans plusieurs associations, on parle alors de participations bénévoles.

TABLEAU 5 **Catégorie socioprofessionnelle du président (en %)**

	Ensemble	Rappel 2005
Agriculteurs	3%	2%
Professions libérales	7%	8%
Chefs d'entreprise	8%	6%
Cadres supérieurs	14%	16%
Cadres moyens	24%	26%
Enseignants	13%	15%
Employés	25%	21%
Ouvriers	5%	6%
Étudiants	1%	1%
Total	100%	100%

Source : V. Tchernonog, Le Paysage associatif français. Mesures et évolutions, *2e édition, Dalloz Juris Associations, 2013*

TABLEAU 6 **Part des femmes parmi les dirigeants associatifs (en %)**

	Présidentes	Trésorières	Secrétaires	Ensemble
Enquête 2003	26%	40%	55%	39%
Enquête 2005	31%	42%	57%	46%
Enquête 2011	34%	47%	60%	48%

Source : V. Tchernonog, Le Paysage associatif français. Mesures et évolutions, *2e édition, Dalloz Juris Associations, 2013*

■ Des relations encore nombreuses avec les pouvoirs publics

Les liens financiers entre associations et pouvoirs publics restent très fréquents : 61 % des associations perçoivent un financement public (subvention ou commande publique). Ce chiffre élevé s'explique principalement par la fréquence des subventions que les mairies octroient aux associations sans salarié implantées sur le territoire de la commune et qui animent la vie locale. La fréquence des relations financières entre associations et pouvoirs publics apparaît cependant en baisse : en 2005, 69 % des associations percevaient un financement public.

GRAPHIQUE 3 **Fréquence des relations entre associations et acteurs publics**

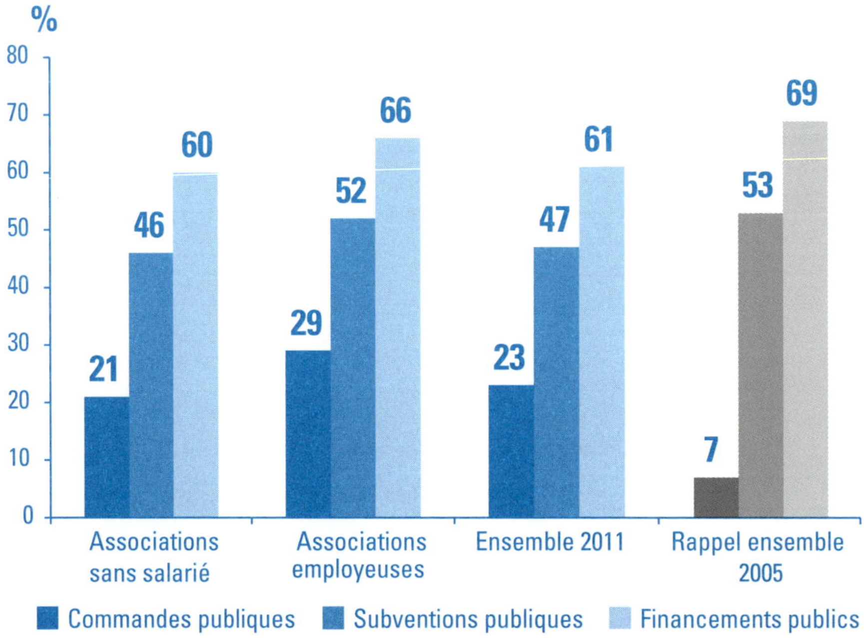

Source : V. Tchernonog, Le Paysage associatif français. Mesures et évolutions, *2e édition, Dalloz Juris Associations, 2013*

■ L'emploi salarié dans les associations : une mesure encore difficile de son volume

C'est sans doute au niveau de l'emploi que la connaissance statistique des associations est aujourd'hui la plus avancée : l'obligation pour les associations de déclarer les personnels salariés et de payer les cotisations sociales aux organismes chargés de les collecter a favorisé la compilation de données statistiques sur l'emploi salarié. Mais les données publiées présentent un certain nombre de lacunes qui tiennent principalement au modèle économique des associations, différent de celui de l'entreprise privée, alors que les outils qui permettent de quantifier l'emploi ont été conçus pour le secteur privé lucratif. Les champs retenus par les différentes sources (DADS, fichier SIRENE de l'INSEE, INSEE CLAP, ACOSS…) sont en outre variables et peuvent donner parfois lieu à des écarts de mesure. Les données convergent cependant pour estimer que le nombre d'emplois salariés dans les associations s'établirait aujourd'hui autour de 1 800 000[6], pour une masse salariale brute de l'ordre de 35,9 milliards d'euros selon les données de l'ACOSS. Selon

6 Cet effectif est calculé par INSEE CLAP sur la base des seuls postes non annexes : un poste de travail est dit «non annexe» quand le montant annuel des rémunérations y est supérieur à l'équivalent de trois fois le SMIC mensuel ou quand le nombre d'heures y est supérieur à 120 heures sur l'année, la durée du travail supérieure à 30 jours et le rapport nombre d'heures/durée supérieur à 1,5. Les emplois annexes représentent le tiers du nombre total de postes de travail dans les associations, mais ils ne génèrent que 3 % de la masse salariale totale.

cette dernière, les effectifs du secteur associatif représentent 9,8 % des effectifs du secteur privé, et la masse salariale des associations 6,8 % de celle du secteur privé.

Aucune des sources citées ne permet actuellement de mesurer précisément le volume de l'emploi salarié dans les associations. En effet, l'effectif salarié ne rend pas bien compte du volume de l'emploi salarié, dans la mesure où le temps partiel est très développé dans les associations et où les emplois associatifs comptent de nombreux emplois complémentaires à une activité professionnelle principale occupée ailleurs. De ce point de vue, la masse salariale pourrait fournir une meilleure indication du volume de l'emploi, mais elle sous-estime ce volume, dans la mesure où le niveau moyen de rémunération est moindre dans le secteur associatif.

Les rythmes d'évolution de l'emploi salarié selon les données de l'ACOSS montrent les difficultés croissantes que rencontre le secteur associatif. L'emploi avait connu au cours des années 2000 une progression plus soutenue dans les associations que dans le secteur privé tertiaire hors intérim, et il avait mieux résisté aux conséquences immédiates de la crise financière mondiale. Depuis la fin de l'année 2010, dans un contexte macroéconomique dégradé, la comparaison n'est plus en faveur de l'emploi associatif. De juin 2010 à juin 2014, l'emploi a augmenté de 0,6 % dans les associations et de 2,1 % dans le tertiaire hors intérim.

POIDS ÉCONOMIQUE ET MUTATIONS DES FINANCEMENTS

■ Les ressources d'activités majoritaires et croissantes dans les budgets associatifs

Les associations vivent principalement à partir des produits de leur activité, qui représentent 61 % du budget cumulé des associations. Les subventions publiques, qui alimentent à hauteur de 24 % les budgets associatifs, constituent la seconde ressource du secteur associatif. En outre, les cotisations de membres représentent la ressource unique de nombreuses associations ; elles alimentent au total 11 % du budget cumulé du secteur. Le poids des dons, du mécénat et du financement en provenance des fondations est limité : les ressources tirées de la générosité des particuliers et des entreprises représentent seulement 4 % du budget du secteur associatif. Le développement des associations s'est surtout appuyé, dans la période récente, sur les ventes de prestations qui ont augmenté à un rythme annuel de 6,3 %.

TABLEAU 7 **Structure et évolution des ressources annuelles en volume (en %)**

	2005	2011	Taux annuel moyen
Cotisation des adhérents	12,1 %	10,7 %	+ 0,8 %
Dons, mécénat et fondations	4,9 %	4,0 %	0,4 %
Recettes d'activités publiques et privées	48,7 %	60,6 %	+ 6,3 %
Subventions publiques	34,3 %	24,7 %	3,1 %
Total	100,0 %	100,0 %	+ 2,5 %
Budget en milliards d'euros constants	*73,439*	*85,109*	

Source : V. Tchernonog, Le Paysage associatif français. Mesures et évolutions, *2e édition, Dalloz Juris Associations, 2013*

■ Poids économique

Le poids économique du secteur associatif a été estimé à 85 milliards d'euros en 2011, et ce chiffre est resté stable en 2012. Les associations ont ainsi contribué à hauteur de 3,2 % au PIB.

TABLEAU 8 **Récapitulatif des grandes évolutions**

	Volume ou valeur en 2011	Augmentation annuelle moyenne 2005-2011
Nombre d'associations	1 300 000	+ 2,8 %
Budget total	85 MRD €	+ 2,5 %
Nombre d'emplois salariés	1,8 million (temps plein ou partiel)	+ 0,3 %
Volume du bénévolat	1 072 000 ETP	+ 3,1 %
Nombre de participations bénévoles	24 millions	+ 6,9 %

Source : V. Tchernonog, Le Paysage associatif français. Mesures et évolutions, *2e édition, Dalloz Juris Associations, 2013*

Données de l'ACOSS pour l'emploi salarié

■ Quelles évolutions récentes du poids économique ?

L'enquête conduite par le CES a permis de repérer les évolutions structurelles du secteur associatif sur la seule période 2005-2011. Hors enquête du CES, les données manquent pour apprécier l'impact qu'ont eu sur le développement du secteur les transformations et les contractions des financements consécutives à la raréfaction des financements publics. La mesure de l'emploi salarié, dont les évolutions trimestrielles sont publiées sur le site de l'ACOSS, permet cependant d'avoir une vision conjoncturelle de l'évolution du poids économique du secteur, dans la mesure où il existe un lien assez stable entre la masse salariale et le budget des associations employeuses. L'emploi apparaît globalement stable depuis 2012, même si l'on peut observer que le secteur associatif continue à créer quelques emplois.

■ Une privatisation croissante des ressources centrée sur la participation des usagers

Les ressources privées (cotisations des membres, dons des particuliers, mécénat et financements des fondations, participation des usagers au service rendu) représentent 51 % du financement total des associations. Le développement du secteur associatif s'est principalement appuyé, dans la période récente 2005-2011 comme dans la période précédente, sur une privatisation croissante de son financement; les ressources privées ont augmenté à un rythme annuel bien plus rapide que les financements publics : respectivement 3,1 % et 1,9 % d'évolution annuelle moyenne.

GRAPHIQUE 4 **Nature des ressources des associations en 2005 et en 2011**

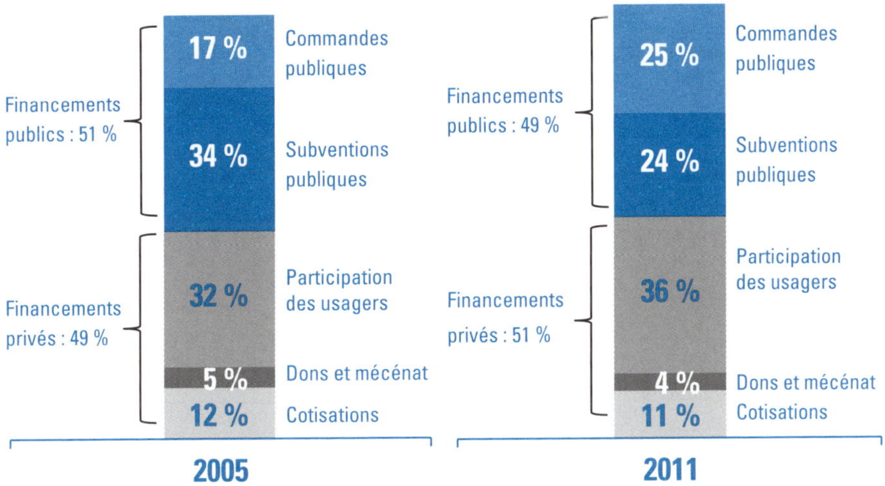

Source : V. Tchernonog, Le Paysage associatif français. Mesures et évolutions, *2e édition, Dalloz Juris Associations, 2013*

Le poids des dons et du mécénat dans le financement des associations est peu élevé : ces financements représentent aujourd'hui entre 4 et 5 % du financement des associations. C'est la participation des usagers qui explique seule l'augmentation des financements privés du secteur associatif : face aux contraintes croissantes qui pèsent sur les financements publics, l'augmentation des ventes de prestations en direction des usagers ou celle des tarifs constituent aujourd'hui la principale, sinon la seule, marge de manœuvre de nombreuses associations pour maintenir ou développer leur projet. Les ventes aux usagers représentent 36 % du financement des associations, auxquelles on peut ajouter les cotisations des adhérents qui sont une autre forme de la participation des usagers au service rendu, soit 11 % du budget total : au final, les usagers soutiennent à hauteur de 47 % les actions des associations.

■ Le repositionnement des acteurs publics dans le financement des associations

L'augmentation en volume des financements publics est le résultat d'évolutions différenciées du rôle des acteurs publics. Les conseils généraux sont devenus le premier partenaire des associations en termes de volume de financement. Leur part dans le financement total n'a cessé de croître : 9 % en 1999, 10 % en 2005, 12 % en 2011. *A contrario*, le poids de l'État dans le budget du secteur associatif n'a cessé de baisser. Le financement de l'État représentait 15 % du budget total en 1999, 12,5 % en 2005 et 11 % aujourd'hui.

Les communes étaient en 1999 et en 2005 le premier partenaire du monde associatif en soutenant les budgets associatifs à hauteur de 15 % en 1999 et de 14 % en 2005. Leur poids dans le financement total du secteur apparaît nettement moindre en 2011 : il ne représente plus que 11,5 % du budget total des associations. Le poids des organismes sociaux dans le financement total du secteur baisse légèrement de façon régulière.

TABLEAU 9 **Origine des ressources publiques et privées, et évolution 2005-2011**

	2005	2011	*Taux annuel d'augmentation en volume*
Ressources privées	**48,8 %**	**50,6 %**	***+ 3,1 %***
Adhérents	11,8 %	10,8 %	*+ 0,8 %*
Donateurs, mécènes, fondations	4,8 %	4,0 %	*– 0,4 %*
Usagers	32,2 %	35,8 %	*+ 4,3 %*
Ressources publiques	**51,2 %**	**49,4 %**	***+ 1,9 %***
Communes	14,1 %	11,5 %	*– 0,9 %*
Départements	10,2 %	12,3 %	*+ 5,8 %*
Régions	3,6 %	3,5 %	*+ 1,8 %*
État	12,5 %	11,3 %	*+ 0,8 %*
Europe	1,0 %	1,1 %	*+ 5,1 %*
Organismes sociaux	7,1 %	6,7 %	*+ 1,5 %*
Autres financements publics	2,7 %	3,0 %	*+ 4,1 %*
Total des ressources	**100 %**	**100 %**	***+ 2,5 %***

Source : V. Tchernonog, Le Paysage associatif français. Mesures et évolutions, *2e édition, Dalloz Juris Associations, 2013*

■ Transformation des modalités du financement public : fonte des subventions et explosion de la commande publique[7]

La période récente a donc connu (voir graphique 4) une modification de grande ampleur des modalités du financement public : la masse des subventions publiques en direction des associations a baissé de 17 %, soit à un rythme annuel de – 3 % entre 2005 et 2011, tandis que les commandes publiques ont augmenté durant la période de 70 %, soit un rythme annuel de croissance de 10 %. Ces évolutions ont bouleversé les structures du financement public : les subventions publiques étaient deux fois plus importantes en termes de volume que les commandes en 2005, où elles représentaient 36 % du financement total des associations ; aujourd'hui subventions et

7 Schématiquement, on peut distinguer deux grandes familles de financement public : les subventions et les commandes. Dans le premier cas, la subvention publique, l'association se trouve à l'initiative de l'action conduite, et peut développer des projets, innover et expérimenter de nouvelles actions ; dans le second cas, les commandes publiques, l'association agit comme prestataire pour réaliser ou gérer une action formatée par les acteurs publics, d'autant qu'elle s'intègre souvent dans les politiques sociales mises en place par les collectivités publiques. Les dispositions fiscales qui accompagnent ces deux formes de financement public, en particulier l'application de la TVA, sont en outre différentes.

commandes occupent une place équivalente dans les budgets associatifs : respectivement 24 et 25 % du budget total du secteur.

La contraction des subventions publiques a touché toutes les associations : celles qui percevaient de petites subventions symboliques, celles dans lesquelles la subvention publique permettait de soutenir les dépenses de fonctionnement, celles dans lesquelles le projet associatif s'est mis en place dans le cadre des missions de service public. Les grosses associations, notamment dans le secteur médico-social et dans l'éducation, ont cependant dû et pu accéder aux commandes publiques pour remplacer les subventions. Mais les associations moyennes, et *a fortiori* petites, qui n'ont pas les ressources nécessaires en termes de compétence et de taille pour accéder aux commandes publiques, n'ont souvent pas eu d'autre choix que de reporter sur la participation des usagers leur besoin de financement. Cette situation a particulièrement fragilisé les associations moyennes.

TABLEAU 10 **Évolution en volume des financements publics et privés de 2005 à 2011**

	Taux global 2005/2011	Taux annuel moyen
Financement privé	**+ 20 %**	**+ 3,1 %**
Cotisations des membres	*+ 5 %*	*+ 0,8 %*
Dons des particuliers et mécénat	*– 3 %*	*– 0,4 %*
Ventes aux usagers	*+ 29 %*	*+ 4,3 %*
Financement public	**+ 12 %**	**+ 1,9 %**
Subventions publiques	*– 17 %*	*– 3,1 %*
Commandes publiques	*+ 73 %*	*+ 9,6 %*
Ensemble	**+ 16 %**	**+ 2,5 %**

Source : V. Tchernonog, Le Paysage associatif français. Mesures et évolutions, *2e édition, Dalloz Juris Associations, 2013*

QUELQUES TRANSFORMATIONS DU TISSU ASSOCIATIF

■ La fragilisation des associations moyennes

Les évolutions intervenues durant les dernières années ont eu pour conséquence de diminuer le nombre et le poids des associations moyennes. Souvent assez jeunes, porteuses d'innovations, s'appuyant de manière importante sur un engagement citoyen, ces associations dont les projets dépassent largement l'intérêt de leurs membres emploient des professionnels salariés. Elles vivent grâce au travail bénévole et à partir de montages complexes de ressources publiques mais surtout privées dans lesquelles la participation des usagers a une part importante. Les mutations intervenues ces dernières années en matière de financement les ont considérablement fragilisées.

GRAPHIQUE 5 **Évolution annuelle comparée du nombre d'associations et du budget selon la taille des associations (en %)**

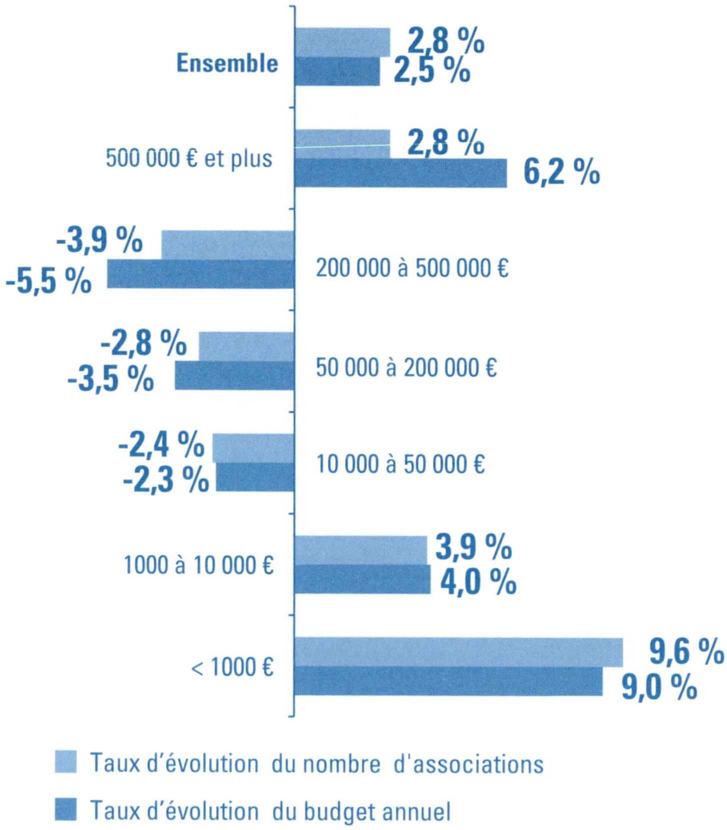

Source : V. Tchernonog, Le Paysage associatif français. Mesures et évolutions, *2e édition, Dalloz Juris Associations, 2013*

■ Vers une différenciation croissante des tissus associatifs locaux

La privatisation des ressources et la baisse de la part de l'État dans les financements ont pour conséquence de subordonner de façon croissante le financement des associations aux capacités locales publiques ou privées de financement. Les territoires riches et en développement – parce que l'activité économique y est élevée, génère de l'emploi et constitue une source de revenu pour les collectivités locales – sont davantage capables de soutenir leur tissu associatif, même si les besoins de solidarité y sont moindres que dans les territoires en déclin, qui doivent en outre souvent faire face à des populations vieillissantes.

L'enquête de l'INSEE de septembre 2014

UNE RÉPONSE À DE FORTES ATTENTES

Jusqu'au début des années 2000, le monde associatif est resté un domaine largement ignoré du système de statistique public. Des questions sur la participation associative des individus pouvaient bien, de temps à autre, être intégrées à des enquêtes de l'INSEE auprès des ménages, notamment à l'« Enquête permanente sur les conditions de vie des ménages » (EPCV), mais aucune enquête spécifique n'existait sur ce sujet. Il a fallu attendre 2002 pour qu'un module complémentaire de l'enquête EPCV soit consacré à la vie associative, et permette ainsi de collecter des informations précieuses et inédites sur les comportements individuels à l'égard des associations et en leur sein. En 2010, la DREES et l'institut de sondage BVA réalisèrent une enquête sur le même sujet, largement inspirée de celle de 2002 mais moins riche en informations. Dans un autre registre de connaissance du milieu associatif, celui de l'emploi salarié, c'est au cours de la dernière décennie que, dans le cadre de l'observation de l'économie sociale et solidaire, des données issues de fichiers administratifs, notamment les déclarations annuelles de données sociales (DADS), commencèrent à être annuellement fournies par le système d'information de connaissance locale de l'appareil productif (CLAP) de l'INSEE. En revanche, aucune enquête de la statistique publique n'avait jusqu'à présent été menée spécifiquement auprès des associations. Il est vrai que l'absence de recensement de l'ensemble des associations existantes représentait un réel obstacle pour la construction d'un échantillon représentatif. Mais la constitution progressive, au cours des dix dernières années, du Répertoire national des associations (RNA), dont l'objectif est d'assurer la couverture exhaustive de toute la population associative, était de nature à lever cet obstacle en offrant une base de sondage sans précédent, en lien avec d'autres répertoires dont la couverture est plus restreinte, comme le fichier SIRENE. Aussi la conduite d'une enquête auprès des associations était affichée comme une préconisation majeure par le rapport du groupe de travail du Conseil national de l'observation statistique (CNIS) sur la connaissance des associations, publié en décembre 2010 (Archambault, Accardo, Laouisset, 2010). L'enquête « Associations 2014 » de l'INSEE se présente comme la mise en œuvre de cette préconisation.

Sa préparation a donné lieu à une concertation, au sein d'un comité constitué pour la circonstance, entre l'INSEE, des représentants du milieu associatif (dont le HCVA), des représentants des ministères plus particulièrement concernés par la vie associative ainsi que des chercheurs. Il faut saluer comme il se doit le souci qu'a eu en cette occasion l'INSEE d'organiser, en amont, des échanges qui se sont avérés fructueux avec les différentes parties intéressées par cette enquête.

Les résultats de cette enquête pourront utilement être confrontés à ceux de l'enquête « Paysage associatif français 2011-2012 » du CNRS-centre d'économie de la Sorbonne. Le rapprochement entre les deux sources sera facilité par le fait que le questionnaire de la seconde a clairement inspiré celui de la première. L'enquête « Associations 2014 » devrait échapper aux biais potentiels auxquels sont exposés les échantillons des enquêtes «Paysage associatif», dont les questionnaires parviennent aux associations par l'intermédiaire des mairies. Car si ces dernières sont en général bien placées pour connaître les associations intervenant localement, on ne peut toutefois exclure que certaines associations restent en marge de ce mode de diffusion des questionnaires, par exemple parce que leur existence est ignorée des pouvoirs publics locaux quand elles n'entretiennent pas de relations avec eux, ou parce qu'elles ne sont pas identifiées par eux comme associations. L'échantillon de l'enquête «Associations 2014» sera constitué à partir de répertoires qui assurent une couverture de la quasi-totalité de la population associative. Plus précisément, l'échantillon d'associations employeuses sera tiré parmi l'ensemble des associations de ce type répertoriées dans SIRENE, et l'échantillon des associations sans salarié sera tiré à partir du RNA et des associations non employeuses figurant dans SIRENE. La taille de cet échantillon devrait être assez nettement supérieure à celle des enquêtes Paysages associatifs français.

Deux questionnaires ont été conçus et sont administrés par Internet ou par voie postale. Le premier est un questionnaire simplifié destiné aux associations sans salarié. Il les interroge sur l'activité de l'association, son ancienneté, son fonctionnement, le bénévolat qu'elle mobilise ainsi que ses ressources courantes. Le second questionnaire, adressé aux associations employeuses, est beaucoup plus dense. Outre les précisions qu'il demande sur l'organisation de l'association, son activité, le type de bénéficiaires des services, le nombre d'adhérents, il est destiné à documenter les ressources humaines (salariés, bénévoles, volontaires), les ressources financières et en nature (mises à disposition de personnels, de matériels et équipements…), les dépenses ainsi que l'éventuelle appartenance à des réseaux. Des questions concernent également l'évolution récente de la situation de l'association au regard de plusieurs aspects comme son volume d'activité, son volume de travail salarié et bénévole, ses ressources, la part des financements publics… Enfin, l'association est interrogée sur certains types de difficulté qu'elle est susceptible de rencontrer.

QUELLE VALEUR AJOUTÉE POUR LA CONNAISSANCE DES ASSOCIATIONS ?

Par rapport aux sources existantes dont il a été question plus haut, quel apport d'informations peut-on attendre de l'enquête «Associations 2014» ? L'un des intérêts majeurs de cette enquête sera incontestablement de fournir des données sur les financements des associations employeuses mais aussi sur leurs charges. Tandis que les premiers sont renseignés dans les enquêtes Paysage associatif français, les secondes ne le sont que partiellement (charges de personnel seulement). Ainsi devrions-nous disposer d'une vision plus globale du compte de résultat des associations. Une perception très synthétique de leur bilan comptable devrait également être possible si du moins les questions relatives à cet aspect sont correctement renseignées.

S'agissant du volume de l'emploi salarié, il sera utile de comparer les données collectées par l'enquête à celles qui sont communiquées par le système

CLAP. L'enquête devrait cependant permettre d'apporter des éléments nouveaux qui ne sont pas, ou qui sont mal, renseignés dans les DADS. Tel est le cas des contrats aidés, du recours à l'intérim ou à des salariés mis à disposition, par exemple dans le cas du mécénat de compétences. L'enquête permettra également d'appréhender le volume de travail offert par les volontaires, dont on sait qu'ils doivent être distingués tout à la fois des salariés et des bénévoles.

En ce qui concerne le bénévolat, l'enquête rendra possible l'estimation du volume de travail qu'il représente et, dans les associations employeuses, elle documentera les frais éventuels liés à la formation ou au défraiement de cette main-d'œuvre non rémunérée mais qui n'est pour autant pas gratuite. Sur ces questions, le rapprochement avec les résultats de l'enquête « Paysage associatif 2011-2012 », qui donnent le même type d'information, méritera une attention particulière. À partir du volume de travail bénévole, il sera envisageable d'imputer une valeur monétaire à cette ressource productive, comme cela a déjà été fait à plusieurs reprises notamment à partir des enquêtes « Paysage associatif » (Archambault et Prouteau, 2010; Prouteau, 2013).

S'agissant de l'appartenance à des réseaux, l'enquête « Associations 2014 » devrait permettre de mieux cerner les logiques sectorielle ou territoriale de ces regroupements, ainsi que les motifs qui conduisent à les rejoindre. La rubrique consacrée aux difficultés auxquelles les associations peuvent être confrontées présente également un intérêt évident. Un module de ce type, interrogeant les répondants à partir d'une liste de difficultés sensiblement plus fournie, était présent dans la dernière enquête « Paysage associatif » français. Cependant il n'était administré qu'à une partie seulement des associations enquêtées, employeuses ou sans salarié. Dans l'enquête « Associations 2014 », cette rubrique sera soumise aux seules associations employeuses mais, eu égard à la taille plus importante de l'échantillon, il devrait autoriser une analyse plus fine des réponses. Toutefois, aucune des difficultés suggérées ne porte sur le financement, hormis celle relative à la recherche-fidélisation des donateurs qui ne concerne qu'une proportion assez limitée d'associations. Il sera peut-être possible de remédier au moins partiellement à cette absence en recourant aux réponses données aux questions sur l'évolution récente de la situation de l'association puisque, entre autres aspects, celui des ressources est explicitement abordé.

Notons enfin, mais ce n'est pas le moins important même si ce sont les associations sans salarié qui sont cette fois plus particulièrement concernées, que l'enquête permettra de repérer les associations de l'échantillon ayant cessé leur activité puisque l'une des toutes premières questions demande au répondant si l'association est toujours active. Ainsi, il devrait devenir possible d'estimer la proportion de la population associative inscrite au RNA qui est réellement active. Rappelons en effet que le stock d'associations en activité ne peut aujourd'hui être appréhendé avec précision en raison de la méconnaissance de la mortalité associative.

En résumé, cette enquête de l'INSEE représente un outil indispensable de collecte de données et les différents acteurs intéressés à l'amélioration de la connaissance statistique du milieu associatif ne peuvent que se féliciter de son existence. Sa reconduction périodique, de l'ordre de tous les cinq ans pour les associations employeuses, autorisera à terme la constitution de séries temporelles indispensables à l'analyse des évolutions de ce milieu. Bien entendu, sa richesse dépendra du taux de retour qu'elle obtiendra et de la qualité des réponses qui lui seront données. L'enquête est obligatoire mais, dans les faits, on peut craindre qu'un nombre non négligeable d'associations ne renvoie pas le questionnaire ou ne le renseigne que très partiellement, notamment en ce qui concerne ses aspects comptables. Le risque est plus élevé dans les associations sans salarié puisque celles-ci ne peuvent compter que sur les responsables bénévoles pour répondre à des sollicitations qui entrent en concurrence avec d'autres priorités. Il est vrai que, pour ces associations, le questionnaire est substantiellement allégé, ce qui devrait limiter ce risque.

Pour importante qu'elle soit, cette enquête «Associations 2014» ne saurait toutefois être considérée comme le couronnement d'un dispositif de connaissance de l'univers associatif qui parviendrait ainsi à son achèvement. Elle doit bien plutôt être vue comme une étape qui en appelle d'autres afin d'apporter des éléments complémentaires indispensables à la cohérence et à la complétude d'un tel dispositif. En effet, certains aspects de la vie associative ne peuvent être connus à partir d'enquêtes auprès d'associations, mais d'autres, pour qui c'est possible, gagnent à être confrontés à des investigations conduites à partir de sources différentes. Pour illustrer notre propos, nous prendrons l'exemple de la participation aux associations. Une enquête «Associations» permettra de calculer, par extrapolation au niveau national, le nombre d'adhésions mais nullement le nombre d'adhérents, en raison de l'existence de pluri-adhérents (personnes adhérant à plusieurs associations). Le même constat vaut pour le bénévolat : l'enquête auprès des associations informera sur le nombre de participations bénévoles, mais n'autorisera pas à en déduire le nombre de bénévoles puisque certains d'entre eux sont engagés dans plusieurs associations. Cette connaissance du nombre d'adhérents et/ou de bénévoles n'est possible qu'en recourant à une enquête auprès des individus ou des ménages. Ajoutons que, si l'enquête auprès des associations permet d'estimer le volume de travail bénévole, il est indispensable de confronter les résultats ainsi obtenus à ceux que donne une enquête auprès des ménages, ne serait-ce que parce que les sources de biais dans les réponses diffèrent d'un type d'enquête à l'autre. Cette confrontation a pu être réalisée par le passé à partir de l'enquête «Vie associative 2002» de l'INSEE et de l'enquête CNRS-CES de 2000 (Tchernonog, 2000; Prouteau et Wolff, 2004). Faute d'une enquête auprès des ménages comparable à l'enquête «Vie associative 2002», ce type de rapprochement ne sera pas possible avec l'enquête «Associations 2014». La construction d'un dispositif pérenne de connaissance du milieu associatif passe donc désormais impérativement par des enquêtes spécifiques périodiques auprès des ménages.

La jeunesse dans la vie associative :

LES JEUNES : UNE JEUNESSE PLURIELLE DANS DES CADRES D'ENGAGEMENTS ÉLARGIS

La forte abstention des 18-29 ans aux élections municipales et européennes de 2014 pourrait laisser à penser que les jeunes sont aujourd'hui davantage dépolitisés, désengagés, en perte des valeurs citoyennes. À cette situation s'ajoute le contexte de crise économique où les difficultés d'entrée sur le marché du travail pourraient de plus accentuer l'idée d'une prédominance des stratégies individualisées gouvernées par une «guerre des places» dans laquelle la notion d'engagement perdrait de son attrait. Ce contexte post-électoral sur fond de crise économique impose alors une mise au point sur un raccourci trop souvent établi entre abstention et désintérêt. Il s'agit également de démontrer que l'engagement pluriel, différencié, éclectique des jeunes est toujours aussi vivace, leur présence sur la place publique toujours aussi forte, mais leur capacité à être entendu malheureusement toujours aussi réduite, plus particulièrement pour les franges les plus fragilisées de la population.

LA PARTICIPATION ÉLECTORALE : UN TROMPE-L'ŒIL DU NIVEAU D'ENGAGEMENT

La forte charge symbolique que représente le vote dans les démocraties représentatives a souvent tendance à survaloriser les formes de participation conventionnelle, classique, traditionnelle, en lien avec l'engagement dans un parti ou un syndicat, au détriment de l'engagement associatif, voire alternatif. Par effet mécanique, lorsque le niveau d'abstention atteint des niveaux inégalés, il agit alors comme le miroir grossissant et déformant d'un engagement qui serait en perte de vitesse. En 2014, les 18-24 ans se sont abstenus dans une proportion nettement plus importante que les autres tranches d'âges. Le différentiel est de 20 points, avec un taux d'abstention de 59 %, nettement supérieur aux 39 % d'abstention des 35-59 ans[8]. Mais comme le souligne Anne Muxel[9], le vote étant progressivement devenu l'expression d'un droit et non plus d'un devoir, le niveau de participation varie fortement en fonction des enjeux mobilisateurs de certains scrutins, comme en témoigne une participation nettement plus forte à chaque élection présidentielle, où le niveau de participation des 18-24 ans se situait autour de 80 % en 2007 et en 2012. L'impression de désengagement est ainsi en partie liée à ces variations importantes de la participation électorale, l'abstention ayant un caractère incantatoire et désinformatif : incantatoire, en ce que la simple énonciation de ce terme suffit à produire une litanie de représentations fantasmagoriques sur un supposé désengagement des jeunes. Désinformatif, dans la mesure où ces représentations sont en grande partie erronées.

8 Sondage Ipsos-Stéria du 22 mars 2014, France Télévisions, Radio France, *Le Monde*, *Le Point*, LCP-Public Sénat.

9 Muxel, A., *Avoir vingt ans en politique. Les enfants du désenchantement*, Paris, Le Seuil, 2010.

UNE ÉVOLUTION DES ENGAGEMENTS ALTERNATIFS ET DE L'APPARTENANCE ASSOCIATIVE

Pour le démontrer, un rapide regard vers le passé permet de mieux saisir les évolutions des comportements qui orientent les actions et les engagements des jeunes, mais aussi de nuancer un certain nombre d'idées reçues sur cette question. L'enquête «Valeurs», à laquelle participe l'INJEP aux côtés des membres de l'Association pour la recherche sur les systèmes de valeurs (ARVAL) permet à la fois d'obtenir des éléments d'information sur l'évolution de la participation des jeunes à des formes d'actions directes d'une part, et de connaître les évolutions sociodémographiques de l'appartenance associative et bénévole d'autre part.

Actions alternatives

Concernant le premier point, en même temps que se développe l'abstentionnisme intermittent, des formes d'engagement non conventionnelles tendent à croître en parallèle depuis les années 1990. Le nombre de jeunes de 18 à 29 ans déclarant avoir déjà participé à une manifestation a ainsi augmenté de 7 points entre 1990 et 2008, il se situe à un niveau qui reste nettement supérieur à celui observé pour les plus de 30 ans (48 % contre 40 %). Les autres formes d'action (participer à un boycott ou à une grève, occuper des bureaux ou des usines), si elles sont moins pratiquées par les jeunes, sont toutefois toutes en forte augmentation depuis 1981 [10]. En cela, la défiance que nous évoquions précédemment à l'égard de la politique formelle ne doit pas être associée à une forme d'ignorance ou à un quelconque désintérêt pour la chose publique, mais bien à une remise en cause de la représentation politique. Une absence d'investissement dans les lieux traditionnels de la politique, l'isoloir en tête, peut ainsi coexister avec un intérêt général pour des causes collectives *via* des cadres de mobilisation plus souples et davantage liés aux questions qui touchent directement le quotidien des jeunes.

Appartenance associative

Comme le soulignait à ce sujet Bernard Roudet, aux modes de participation politique institutionnels sont ainsi très clairement préférées des formes d'actions plus concrètes, plus immédiates, pour des causes clairement identifiables [11]. L'engagement associatif reste de ce point de vue un mode d'action auquel les jeunes ont toujours été attachés, puisque 37 % des 18 à 29 ans étaient membres d'au moins une association en France en 2008, chiffres stables et très proches des 37 % enregistrés en 1999 et des 36 % en 1991, presque équivalant aux taux d'adhésion observés pour les autres classes d'âge en France, mais légèrement inférieurs aux autres pays d'Europe de l'Ouest, les taux records d'appartenance étant détenus par les pays du Nord et les Pays-Bas, respectivement 77 % et 91 %. Même si le taux d'adhésion à des associations caritatives, des associations locales, des groupes religieux ou

10 Roudet, B., « Liens à la politique. Des jeunes davantage impliqués et plus protestataires », *Jeunesses : études et synthèses*, n° 2, INJEP.

11 Roudet, B. « Participation associative. Des jeunes plus engagés dans la vie de la cité », *Jeunesses : études et synthèses* n° 4, INJEP, mai 2011.

des associations environnementales reste loin derrière l'adhésion aux associations sportives (19 % des 18-29 ans) et culturelles (7 % des 18-29 ans), elles ont toutes vu leurs effectifs de jeunes augmenter sensiblement depuis 1999. D'après l'enquête «Valeurs» de 2008, le nombre de jeunes engagés dans des associations altruistes ou militantes aurait ainsi triplé entre 1999 et 2008, un jeune sur cinq étant désormais engagé dans ce type d'association (20 %).

TABLEAU 11 **Appartenance et bénévolat associatifs par type de groupement des 18-19 ans, de 1990 à 2008, et de 30 ans et plus en 2008 (en %)**

	1990		1999		2008		*2008 (30 ans et +)*	
Groupements	Adhérents	Bénévoles	Adhérents	Bénévoles	Adhérents	Bénévoles	*Adhérents*	*Bénévoles*
Caritatifs	3	2	3	2	4	3	*7*	*4*
Religieux	3	2	2	1	1	1	*4*	*3*
Culturels	10	4	7	5	7	4	*8*	*4*
Syndicaux	3	2	0	0	2	0	*5*	*2*
Politiques	0	1	1	0	3	1	*3*	*1*
Communaux	1	1	0	0	2	1	*3*	*2*
Pour le tiers-monde	2	1	0	0	2	1	*2*	*1*
Pour l'environnement	2	1	1	0	3	1	*3*	*1*
Professionnels	3	2	2	0	2	1	*3*	*1*
Pour la jeunesse	3	2	3	2	2	1	*1*	*1*
De sports et de loisirs	22	5	23	8	19	5	*15*	*6*
De femmes	1	0	0	0	1	0	*1*	*0*
Pacifistes	1	1	0	0	1	0	*1*	*0*
Pour la santé	2	2	2	1	2	1	*2*	*1*
Autres	4	2	5	3	3	4	*6*	*5*

Source : enquêtes Valeurs ARVAL - INJEP.
Note : les groupements sont présentés par ordre de citation dans le questionnaire des enquêtes Valeurs. Plusieurs réponses étaient possibles.

DE L'ADHÉSION ASSOCIATIVE AU BÉNÉVOLAT

Mais entre des perceptions subjectives et des pratiques effectives, entre représentation et régime d'action et, plus généralement, entre adhésion passive et participation active, l'écart peut être conséquent. Plus précisément, lorsque l'on prend en compte non plus une simple adhésion à une association mais le fait d'accomplir une activité bénévole, les 18-29 ans ne sont plus que 19 % à être concernés, un chiffre inférieur de 4 % à l'ensemble de la population. Ce niveau de pratique bénévole, relativement plus faible pour cette classe d'âge, implique de mieux connaître les motifs qui poussent les jeunes à s'investir dans une association. Quels sont plus précisément les enjeux qui motivent leur engagement ? Quelles sont à leurs yeux les causes susceptibles de mériter le plus d'intérêt ?

Les résultats de l'étude Viavoice-*Libération*-Animafac[12] réalisée en 2013 sur l'engagement des jeunes révèlent que la crise économique, loin de conduire au repli sur soi ou à des modes d'action davantage individualisés, peut bien au contraire être source de mobilisation collective puisque les 18-25 ans interrogés dans cette enquête sont 22 % à se déclarer prêts à s'engager pour des enjeux économiques (emploi, pouvoir d'achat, etc.). Viennent ensuite, et

12 «Les jeunes, la société et l'engagement», enquête *Libération*-Viavoice-Animafac, réalisée auprès de 1 004 personnes, représentatives de la population âgée de 18 à 25 ans résidant en France.

cela n'est pas sans lien avec le contexte de forte précarité à laquelle est exposée une frange toujours plus importante de jeunes, des enjeux liés à l'aide sociale (aide au logement, pauvreté solidaire...) pour 17 % d'entre eux. La défense de certaines valeurs (respect, égalité, lutte contre les discriminations, libertés...), qui peuvent apparaître plus abstraites, théoriques et dont les bénéfices attendus sont plus indirects et moins immédiats, n'arrive ainsi qu'en troisième position.

CLIVAGES DANS L'ENGAGEMENT ET LA PARTICIPATION

Malgré ces tendances significatives, il serait abusif de considérer les jeunes comme une catégorie homogène, immuable, monolithique. Si *« la jeunesse n'est qu'un mot*[13] », cela se constate de façon plus marquée encore au sujet de l'engagement qui révèle une jeunesse extrêmement diversifiée avec une palette de comportements, de trajectoires d'engagements, et de non-engagements. Des clivages liés au niveau de diplôme montrent notamment qu'il existe une forte corrélation entre la formation initiale et la propension à participer à des activités associatives ou bénévoles : l'engagement associatif augmente en même temps que s'élève le niveau d'étude. D'après l'enquête « Valeurs », près d'un jeune sur deux ayant terminé ses études au plus tôt à 22 ans participe à au moins une association (45 %), pour seulement un quart des jeunes achevant leurs études au plus tard à 18 ans (24 %). Ces distinctions liées au niveau d'étude sont également très marquées concernant les actions de protestation qui sont davantage pratiquées par les jeunes diplômés ou appartenant aux groupes sociaux favorisés que les jeunes les plus désavantagés d'un point de vue socio-économique. Enfin, si l'on prend en considération la participation électorale, la distinction entre diplômés et non-diplômés se révèle davantage marquée encore, puisque seuls 67 % des non-diplômés avaient voté aux deux tours de la présidentielle de 2012 contre 83 % des diplômés du supérieur. Les fractures sociales, et tout particulièrement celles qui sont induites par le niveau de diplôme, provoquent des fractures politiques et un retrait plus marqué de la vie associative et de la participation politique de la part des catégories sociales les plus désavantagées de la population.

À ces variations liées au niveau de diplôme s'ajoutent d'importantes différences d'investissement en fonction des âges. Comme le souligne à ce sujet Valérie Becquet, si les plus jeunes (15-19 ans) s'orientent principalement vers des associations de sport et de loisirs en tant qu'adhérent ou bénévole, leurs aînés immédiats (20-30 ans) s'investissent de manière bien plus marquée dans des associations à vocation altruiste ou militante[14]. Pour Valérie Becquet, ces différences sont avant tout le reflet d'un processus d'autonomie dans le choix des activités, mais aussi de transformation progressive du réseau de sociabilité : *« Alors que, chez les moins de 20 ans, les parents restent les principaux prescripteurs de l'association fréquentée,*

13 Bourdieu, P., « La "jeunesse" n'est qu'un mot », *in Questions de sociologie*, Paris, Minuit, 1984, p. 153.

14 Becquet, V., « L'engagement diversifié mais réel des jeunes », *Constructif*, n° 30.

chez les autres, ce sont davantage les amis et les collègues d'étude ou de travail qui influencent ce choix.»

SERVICE CIVIQUE ET ENGAGEMENT

Le rapport différencié des jeunes à la politique et à l'engagement se retrouve-t-il également chez les jeunes engagés dans un service civique ? De récentes études ont notamment permis de mieux saisir les profils sociologiques des jeunes qui font le choix non seulement de s'investir plusieurs mois dans une mission d'intérêt général mais aussi de rendre compte de ces liens ténus entre service civique et engagement. Il apparaît en premier lieu que ce type d'engagement contribue à la socialisation politique des volontaires, dans le sens où il facilite l'acquisition de compétences politiques et la formation d'un « *capital citoyen* [15] ». L'enquête TNS Sofres permet en outre de constater que les volontaires du service civique sont également des jeunes plus engagés et plus politisés que l'ensemble des jeunes Français [16]. Ils tendent en effet à s'intéresser davantage au monde qui les entoure, qu'il s'agisse de politique (56 % contre 49 %), ou d'actualité (89 % contre 82 %), et considèrent certaines valeurs, comme le don, l'entraide et le bénévolat, plus importantes, ce qui se traduit notamment par une envie plus forte de rendre service à leurs proches et à leurs voisins (96 % contre 89 %), et de participer à des associations (84 % contre 64 %). En revanche, cet attrait pour l'engagement associatif ne va pas forcément de pair avec des formes plus traditionnelles de la participation politique, comme en témoigne l'importance moindre qu'ils accordent au vote, puisque 84 % des jeunes volontaires jugent important d'aller voter contre 87 % pour l'ensemble des jeunes. Ce plus faible intérêt pour le vote s'est de plus ressenti lors des dernières élections européennes, puisque les jeunes volontaires étaient légèrement moins nombreux à déclarer s'être déplacés pour aller voter que les autres de la même tranche d'âge (18-25 ans).

CONCLUSION : RESPONSABILISATION *VS* SUBORDINATION

L'investissement des jeunes dans des cadres d'engagement élargis, qu'ils soient de type associatif, alternatif, souterrain, institutionnel, informel aussi bien qu'interstitiel ou formel, témoigne de leur volonté polymorphe de participer de manière plus directe et moins contraignante aux affaires de la cité. Plutôt qu'un comportement d'inertie et d'apathie dans un système de démocratie représentative marquée par une distance, voire une défiance accrue entre citoyens et élites politiques, et au-delà des interprétations régulièrement entendues en termes de crise – crise de régime, crise des partis traditionnels, crise de la représentation politique – l'enjeu scientifique tout autant que politique est aujourd'hui de comprendre comment les jeunes dans une société démocratique vieillissante persistent néanmoins à participer à la vie de la cité en dépit d'une désillusion forte à l'égard du système politique traditionnel. Comment aussi « *vivre sa vie* », pour reprendre la formule de Beck,

---

15 Yvon C., *Effets socialement différenciés du service civique sur les jeunes volontaires. Analyse secondaire des données de l'enquête TNS Sofres*, Rapport d'étude, INJEP, 2014

16 TNS Sofres, *Les Volontaires du service civique et leur rapport au vote, à l'engagement et à la citoyenneté*, juin 2014.

équivaut pour ces jeunes « *à résoudre sur le plan biographique les contradictions du système*[17] » (Beck, 1986, 293), les contradictions fortes entre injonction à la responsabilisation et subordination à l'offre politique proposée.

La place des fondations et des fonds de dotation

De fin 2009 à fin 2013, le nombre de fondations et de fonds de dotation est passé de 2264 à 3691, soit une augmentation de 60 %. L'avènement du fonds de dotation en 2008 est l'origine principale de cette accélération. En effet, cette nouvelle structure juridique s'est vue dispensée de la double contrainte de disposer d'un patrimoine et d'obtenir une autorisation pour voir le jour, contrairement à toutes les autres formes de fondations. Fin 2012, l'enquête « Fonds de dotation » publiée par l'observatoire de la Fondation de France montrait qu'environ 60 % des 1 700 fonds de dotation créés par une simple déclaration en préfecture n'avaient pas débuté leur activité et que 36 % avaient été créés sans aucun moyen.

De même, on assiste depuis ces dernières années à un phénomène, certes marginal au regard du nombre d'associations existant en France, à savoir la transformation de certaines d'entre elles en fondations pour des raisons fiscales et de simplifications.

TABLEAU 12 **Statut juridique des fondations et des fonds de dotation**

Statut juridique	2011	2012	2013
Fondations reconnues d'utilité publique	617	626	616
Fondations d'entreprise*	293	313	325
Fondations abritées	901	972	1 142
Fondations de coopération scientifique	31	37	40
Fondations partenariales	12	23	20
Fondations universitaires	27	27	29
Fonds de dotation	852	1 222	1 519
Total des fondations et des fonds de dotation	**2 733**	**3 220**	**3 691**

Les fondations se répartissent en deux principales catégories, indépendamment de leur statut juridique :
– les fondations bailleurs, ou fondations de financement : elles se consacrent au financement de projets qui leur sont extérieurs, portés par des associations, des personnes physiques, des institutions diverses. En 2010, elles représentaient 70 % de l'ensemble des fondations, hors fonds de dotation[18]. L'émergence des fondations de financement dans le paysage philanthropique français remonte aux années 70, avec la création de la Fondation de France, fondation généraliste et abritante, dont la mission est de développer le mécénat de distribution sur le modèle des *community foundations* anglo-saxonnes. Mais il faut attendre le début des années 90 avec la création de

17 Beck, U., *La Société du risque*, Paris, Aubier, 1986.

18 Enquête « Les fonds et les fondations en France de 2001 à 2010 », observatoire de la Fondation de France.

la fondation d'entreprise pour voir le nombre de fondations de financement progresser de manière significative;
– les fondations opérateurs : elles mettent en œuvre elles-mêmes des actions (gestion d'un musée, d'une maison de retraite, d'un hôpital...), et fonctionnent selon un modèle très proche de celui des associations. En 2010, ces fondations, minoritaires, réalisaient néanmoins 88 % des dépenses et donc du poids économique du secteur des fondations, soit 4,3 milliards d'euros par an.

Les données sur 2013 tendent à montrer une augmentation du poids des fondations de financement, avec un total des dépenses des fondations évalué à 7,8 milliards d'euros.

Quant aux fonds de dotation, la prolifération de fonds inactifs sera sans doute freinée à la suite de la disposition de l'article 85 de la loi sur l'économie sociale et solidaire (ESS) du 31 juillet 2014, qui a introduit le principe d'une dotation initiale dont le montant a été fixé par décret[19], à 15000 € au minimum.

Si l'action sociale et la culture demeurent les domaines d'intervention privilégiés des fondations (en 2010, 22 % des fondations et des fonds de dotation intervenaient dans chacun de ces deux domaines), le contexte de crise a placé l'action sociale en première position en 2013, avec 29 % des fondations y intervenant. La santé et l'éducation sont des causes qui attirent également de nombreux financements. L'intérêt accru pour la santé concerne fortement les fondations opérateurs, souvent gestionnaires d'établissements.

D'après le panorama sur les fonds et les fondations réalisé par l'observatoire de la Fondation de France, dont la publication est prévue pour juin 2015, la répartition des fondations selon leur domaine d'intervention principal est la suivante :
– action sociale en France : 29 %,
– santé : 18 %,
– arts et culture : 17 %,
– enseignement supérieur et formation initiale : 11 %,
– sciences : 6 %.

19 Décret n°2015-49 du 22 janvier 2015.

Chapitre 3
L'engagement dans les associations

Le principe même de l'association repose sur l'engagement, puisque, selon l'article 1er de la loi du 1er juillet 1901 : «*L'association est la convention par laquelle deux ou plusieurs personnes mettent en commun, d'une façon permanente, leurs connaissances ou leur activité dans un but autre que de partager des bénéfices.*»

La question du bénévolat se trouve au cœur de la vie associative et des associations, c'est pourquoi, dès le début de cette mandature, le Haut Conseil à la vie associative s'en est emparé.

L'engagement dans les associations peut prendre différentes formes, le bénévolat en est certes la plus connue et la plus répandue, mais il convient de présenter d'autres formes qui contribuent au développement des associations.

On distinguera donc le bénévolat, le mécénat de compétences et le volontariat.

Quelques éléments de définition permettront de bien situer chaque type d'engagement.

Le bénévole est quelqu'un qui s'engage librement, sans aucune contrepartie, pendant son temps libre. En 2013, on comptait près de 12,5 millions de bénévoles dans les associations

Le mécénat de compétences est exercé par un salarié pendant son temps de travail pour des missions ponctuelles, en accord avec son employeur, qui lui maintient son salaire. Il concernerait environ 100000 personnes.

Le volontaire s'engage librement, il reçoit une indemnisation et son engagement est en principe exclusif de toute autre activité (emploi, études…). Le volontariat peut s'exercer de différentes manières, le tableau ci-dessous en donne les principales formes.

TABLEAU 13 **Principales formes du volontariat**

Désignation	Nature	Nombre de personnes
Service civique	Loi du 10 mars 2010 : engagement de service civique pour les 16-25 ans et volontariat de service civique pour les plus de 25 ans	32000 * jeunes en 2014
Service volontaire européen	Destiné aux jeunes de 18 à 30 ans Pour des projets d'intérêt général, de 2 à 12 mois	902 ** jeunes en 2014
Volontariat de solidarité internationale	Pour des personnes majeures, pour des missions de développement ou d'urgence à l'international	Environ 2300 volontaires par an
Volontariat de sapeurs-pompiers	Il est exercé par des hommes et des femmes parallèlement à leur travail ou leurs études	Plus de 196000 personnes

* NB : *Tous les jeunes n'effectuent pas leur service civique dans une association*

** NB : *Tous les jeunes n'effectuent pas leur service volontaire européen dans une association*

Le bénévolat

LES TRAVAUX DU HCVA

Dans le prolongement des annonces du président de la République au cours de la campagne électorale en 2012, la ministre chargée de la Vie associative a saisi le Haut Conseil afin qu'il lui présente un rapport sur les mesures en faveur du bénévolat et de l'engagement. Il s'agissait de réaliser le bilan de l'utilisation des dispositifs existants et de soumettre des propositions d'amélioration, notamment par le biais de la création d'un congé d'engagement.

Le Haut Conseil a constaté qu'aucune étude précise et complète de l'utilisation des congés existants pour les bénévoles n'était disponible et qu'il était difficile d'en mesurer l'efficacité dans ces conditions. Le rapport a ensuite évoqué quelques pistes autour de la création d'un congé d'engagement. Le Haut Conseil a organisé sa réflexion à partir de trois points : le type de bénévoles, le type d'associations et le type de congés.

Concernant le type de bénévoles, la proposition vise à ne pas limiter les avantages d'un congé aux élus des instances dirigeantes, qui ne sont pas les seuls à s'investir pour permettre à l'association de développer son projet. En effet, nombreux sont les bénévoles qui consacrent beaucoup de temps, souvent plusieurs heures par semaine, à l'association et qui, sans pour autant avoir reçu un mandat d'élu, sont investis d'une responsabilité.

Les associations dont les bénévoles pourraient bénéficier des avantages d'un congé d'engagement devraient être d'intérêt général, c'est-à-dire bénéficier d'un agrément délivré par une autorité administrative, et/ou répondre aux critères d'intérêt général fixés aux articles 200 et 238 *bis* du code général des impôts. En effet, dans la richesse et la diversité du monde associatif, toutes ne sont pas tournées vers l'extérieur, certaines ne concernent qu'un petit groupe restreint, c'est le principe de la liberté associative.

Enfin, le type de congés, rémunérés ou pas, et leur durée devront être arrêtés et simplifiés afin d'être mieux connus et compris par les parties prenantes.

Dans son rapport, le Haut Conseil a formulé des recommandations, parmi lesquelles il suggère que le congé d'engagement puisse prendre deux formes principales :
- un congé pour l'exercice de responsabilités associatives ouvert aux élus des instances dirigeantes ou aux bénévoles qui, sans être élus, sont responsables au sein de ces associations d'activités essentielles pour la mise en œuvre du projet associatif. Ce congé, d'une durée de douze jours annuels au maximum, pourrait être fractionné en demi-journées. Il ne serait en principe pas rémunéré, mais resterait assimilé à une période de travail;
- un congé de solidarité nationale dont les modalités s'inspireraient de celles du congé de solidarité internationale prévu aux articles L. 3142-32 à L. 3142-40 du code du travail.

De plus, il propose de sensibiliser les responsables d'entreprise et les partenaires sociaux aux possibilités offertes sur le don du temps par les textes en vigueur relatifs au mécénat.

Des travaux complémentaires, avec la mise en place d'un groupe de travail spécifique à la question de l'engagement des actifs, ont été conduits au premier semestre de l'année 2014 et ont donné lieu à la remise d'un rapport au ministre chargé de la Vie associative le 6 novembre 2014[1].

L'ENGAGEMENT BÉNÉVOLE : QUELLES ÉVOLUTIONS CONSTATÉES, QUELLES ÉVOLUTIONS SOUHAITÉES

On entend parfois parler de crise du bénévolat ou, à tout le moins, dire que les bénévoles ne veulent plus s'engager sur la durée. Les chiffres contredisent ces impressions, les études qualitatives et les enquêtes donnent quelques clés de compréhension des évolutions du bénévolat, et doivent inviter les associations à parfois repenser leurs relations avec les bénévoles.

Les enquêtes récentes[2] ont montré que le nombre de bénévoles n'était pas en diminution, mais que les modes et les raisons de l'engagement avaient changé. En effet, entre 2010 et 2013 le nombre de bénévoles dans les associations a augmenté d'environ 1 million. Si on observe la répartition par âge, on remarque que les moins de 35 ans représentent environ 25 % des bénévoles, tandis que les plus de 65 ans sont près de 31 %. La progression au cours de cette période est cependant la plus forte (+ 32 %) pour les moins de 35 ans.

Plus que les chiffres, ce sont les motivations qui reflètent l'évolution de l'engagement bénévole aujourd'hui. Ainsi, l'étude du CERLIS[3] nous apprend que les raisons de s'investir dans les mouvements associatifs sont, pour 68 % des bénévoles, de défendre des valeurs de solidarité; pour plus de 65 %, de s'impliquer dans la vie locale; et, pour 54 %, de recréer du lien social.

Pour de nombreux bénévoles, l'engagement participe de la reconnaissance de soi tout en étant au service des autres. On est ainsi dans une forme de complémentarité entre ce qui permet la reconnaissance de soi et ce qui relève de l'attention aux autres comme de la participation à des activités d'intérêt général.

Les responsables d'association doivent être attentifs à ce qui peut apparaître comme un paradoxe et qui explique pour partie les attentes des bénévoles. Leur engagement est autant pour eux-mêmes que pour les autres, aussi ont-ils quelques exigences dans la mise en œuvre. Cette demande de reconnaissance passe aussi par une demande de leur faire confiance, de leur laisser des initiatives et des responsabilités. Les bénévoles revendiquent leur place dans l'organisation associative et sa gouvernance. C'est dans cette perspective que le Haut Conseil à la vie associative a souhaité, en mars 2014,

---

1 « L'Engagement associatif des actifs », rapport du groupe de travail piloté par le ministère chargé de la Vie associative et l'association Le Rameau.

2 Enquête IFOP pour le ministère des Sports, de la Jeunesse, de l'Éducation populaire et de la Vie associative, « Les actifs et les dispositifs d'aménagement de temps de travail facilitant la pratique du bénévolat. Principaux enseignements » janvier 2014; *La France bénévole*, Recherches et solidarités, 2014; *La Situation du bénévolat en France en 2013*, France Bénévolat, juin 2013.

3 Peter, J.-M. et Sue, R., *Les Représentations de l'engagement bénévole. Entre motivations et résistances*, Tribune Fonda Crédit mutuel, décembre 2013.

établir un document d'orientation intitulé *Le Socle commun du bénévolat* dans lequel il a rappelé les dispositifs existants de soutien au bénévolat, et les orientations à développer. Ainsi il insiste sur la nécessité de clarifier les relations entre les associations et les bénévoles, notamment en leur remettant un document, type livret d'accueil, dans lequel seraient précisés le projet de l'association, le rôle des bénévoles et la relation avec les autres acteurs (salariés, volontaires).

Pour répondre au besoin de bénévoles réguliers, les associations doivent être soucieuses de leurs attentes. Il s'agit d'aider les bénévoles qui le souhaitent à valoriser les acquis de leur engagement, que ce soit les jeunes dans leur parcours d'insertion ou les personnes plus en difficulté. Les études montrent que, dans de nombreux cas, l'engagement bénévole permet d'acquérir des compétences qui pourraient ensuite être traduites en diplôme grâce à la validation des acquis de l'expérience. Or, trop souvent, soit les bénévoles ignorent cette possibilité, soit le parcours de validation s'avère complexe, voire décourageant. Les associations ont un rôle important à jouer dans ces démarches en amont, pour faire connaître le dispositif et ses possibilités, ensuite pour accompagner le bénévole qui souhaite entrer dans la démarche, notamment en l'aidant à prendre conscience des compétences acquises par le bénévolat et à les formuler.

Le témoignage de Simon

du Mouvement rural de jeunesse chrétienne

«

Le MRJC est un mouvement de jeunes, géré et animé par des jeunes depuis plus de quatre-vingt-cinq ans. C'est un mouvement éducatif pour les 13 à 30 ans et c'est un mouvement d'action de transformation sociale. Le MRJC permet à des jeunes de réaliser des projets collectifs, il propose et sécurise la prise de responsabilité à ses membres. C'est en quelque sorte une école de l'engagement, avec la notion de parcours d'engagement.

Je me réjouis que la question de la place des jeunes dans l'engagement, dans la société, ne soit pas posée que par l'organisation de jeunes. Mais ne nous satisfaisons pas trop vite, c'est bien d'en parler, de faire des plans, c'est mieux de laisser sa place. Notre combat n'est pas celui de jeunes en recherche de places pour nous-mêmes mais pour plus de représentativité dans nos instances associatives et institutionnelles. Plus de représentativité, c'est au final le même combat pour les femmes, les personnes d'origine étrangère...

Les jeunes ne sont pas une catégorie différente, on n'est pas là en consultation uniquement sur la question de la jeunesse. Notre ambition est d'œuvrer pour un renouveau de la démocratie, parce que c'est l'objet central de l'engagement, c'est ce qui détermine la place, le rôle, le pouvoir. C'est ce qui attire chacun de nous, et donc un jeune également.

Aujourd'hui 34 % des jeunes font confiance aux associations et 10 % aux partis politiques, on est alors dans une méfiance, une défiance des institutions. On doit revoir nos fonctionnements, notre rapport au pouvoir dans nos organisations collectives pour attirer et permettre l'engagement. On a des associations qui fonctionnent comme des institutions, il faut revoir notre fonctionnement démocratique mais il faut aussi un renouveau générationnel. Ce n'est pas normal de voir que le profil type du président d'association, comme celui du député, soit un homme de 56 ans, voire de 61 ans, et qui plus est blanc, d'une catégorie sociale plutôt élevé et pourquoi pas catho tant qu'on y est ! À vrai dire, à ce rythme-là, je suis bien parti !

Récemment, nous avons fait une étude avec le Centre d'étude sur les qualifications (CEREQ) sur les jeunes passés par le MRJC entre 1980 et 2000. Ce qui attire les jeunes, c'est la recherche de plaisir, le côté convivial, les soirées, les camps, la mise en confiance, les rencontres, l'état d'esprit dans lequel ils sont reçus, c'est cela qui leur donne envie de rester. Ensuite, très vite, le sentiment d'utilité et de se sentir valorisé a une importance dans la reconnaissance de l'individu au sein d'un collectif.

Au MRJC, que l'on soit croyant ou pas, que l'on soit noir ou blanc, que l'on soit bénévole 1 heure ou 20 par semaine, nous sommes tous considérés comme un acteur. Cette année, l'engagement associatif est la Grande Cause nationale, c'est bien en soi, je m'en réjouis, si ça permet de rendre visible les associations et l'engagement que l'on propose pour l'intérêt général vraiment, et que ce n'est pas un simple coup de communication en l'air. Je vais vous faire une confidence, mon premier ressenti a été de me dire « Grande Cause » résonne en moi comme « parce que sinistré ». Je trouve cela assez révélateur.

L'engagement demande de la sécurité. Au MRJC, on voit que l'engagement change, il bouge, c'est à nous, structures, de nous adapter. Pour cela, au MRJC, nous avons trois axes majeurs de travail-action et d'innovation :

Le labo de l'éduc' pop' *: le laboratoire de l'éducation populaire du MRJC, c'est un lieu d'analyse de nos pratiques, de prise en compte des aspirations des jeunes, de leurs besoins, ce labo va pouvoir, à partir de ses analyses, être une force de propositions nouvelles dans le mouvement.*

Les liens villes-campagnes *: notre volonté est de faire du lien, de rompre avec l'individualisme et le repli sur soi en développant l'interconnaissance, en augmentant la faculté de compréhension des contextes.*

Les fabriques du monde rural *: ce sont des lieux de lien social qui donnent la place aux acteurs, aux envies, pour faire société et vivre* *ensemble dans les villages, ce sont des lieux animés par les populations, avec des services et des animations correspondant à leurs besoins.*

UNE FORME DE RECONNAISSANCE DE L'ENGAGEMENT : LA VAE

La validation des acquis de l'expérience inscrite dans la loi en 2002[4] a constitué une avancée importante dans l'accès aux diplômes par une voie autre que celle des apprentissages dans un cadre strictement scolaire ou universitaire, ou tout au moins par une voie complémentaire. Cette avancée doit d'autant plus être soulignée qu'aux acquis dans un cadre professionnel ont été ajoutés ceux obtenus dans un cadre bénévole.

« *Peuvent être prises en compte, au titre de la validation, l'ensemble des compétences professionnelles acquises dans l'exercice d'une activité, non salariée ou bénévole, en rapport direct avec le contenu du diplôme ou du titre. La durée minimale d'activité requise ne peut être inférieure à trois ans* […] », extrait de l'article 134 de la loi.

Cette possibilité a ouvert la voie à une réelle reconnaissance de l'engagement bénévole, particulièrement à la reconnaissance des compétences acquises et mises en œuvre par les bénévoles engagés dans les associations notamment.

Cette opportunité offerte rencontre cependant des difficultés dans sa mise en œuvre au quotidien.

Le Haut Conseil à la vie associative a rendu un avis en octobre 2013 sur la VAE à la suite d'une saisine de la ministre chargée de la vie associative.

Dans son rapport, le Haut Conseil souligne la rareté de données chiffrées sur le sujet, qui rend difficile l'établissement d'un bilan du dispositif. Néanmoins, il a pu dresser quelques constats et formuler quelques préconisations.

Le HCVA a pointé la complexité du dispositif, bien mise en lumière par les différents rapports connus[5], qui tient essentiellement à trois facteurs :
- la diversité des acteurs impliqués dans la VAE : l'État à travers notamment les ministères certificateurs, les régions, les universités, des institutions telles que Pôle emploi, les organismes paritaires collecteurs agréés (OPCA), les chambres consulaires, les partenaires sociaux… ;
- le nombre et la variété des diplômes ;
- l'importance de l'écrit qui constitue un obstacle pour certains publics.

Le Haut Conseil a estimé que les principales catégories de personnes à qui s'adresserait prioritairement la VAE étaient pour partie celles momentanément sans activité professionnelle, femmes au foyer, par exemple, en

4 Loi n° 2002-73 du 17 janvier 2002 de modernisation sociale, art. 134 notamment.

5 « La VAE dans les ministères certificateurs », DARES, *Premières Synthèses-Premières Informations*, octobre 2008, n° 44-3 ; *Valoriser l'acquis de l'expérience : une évaluation du dispositif de VAE*, septembre 2008, secrétariat d'État chargé de la Perspective, de l'Évaluation des politiques et du Développement de l'économie numérique ; groupe de travail sur la validation des acquis de l'expérience, 22 décembre 2008 ; *Valorisation des compétences acquises dans le cadre d'activités syndicales et de bénévolat associatif*, ORSE, 2013.

recherche d'emploi, jeunes en attente d'insertion professionnelle... Ces personnes trouvent souvent dans le bénévolat une forme de socialisation, et leur engagement appelle une reconnaissance dont la VAE est une forme particulièrement appropriée.

Le Haut Conseil a donc formulé un certain nombre de recommandations afin de rendre ce dispositif accessible au plus grand nombre. Parmi celles-ci, il insiste sur l'information auprès des bénévoles comme auprès des associations. Il importe en effet que les responsables d'associations encouragent et accompagnent les bénévoles dans ces démarches. Cette attention manifeste la reconnaissance accordée à l'engagement.

Au-delà de cette information il est nécessaire que les bénévoles qui souhaitent s'engager dans cette démarche de validation des acquis de l'expérience soient mieux soutenus dans leur parcours. Cela passe par une aide à la formulation des acquis grâce, entre autres, à l'utilisation d'outils créés par les associations ou les pouvoirs publics, comme les livrets de compétences, le passeport du bénévole, le carnet de vie...

La composition des jurys de validation qui, bien souvent, méconnaissent le bénévolat comme vecteur d'expériences pouvant ensuite se traduire en compétences, a retenu l'attention du Haut Conseil. Il semble que la composition des jurys devrait autoriser également l'intégration des représentants d'associations.

Une autre forme d'engagement : le mécénat de compétences

L'engagement des salariés au service de l'intérêt général constitue pour l'entreprise une opportunité pour réinstaurer de la confiance et de la reconnaissance et pour redonner du sens au travail.

Le mécénat de compétences consiste en la mise à disposition d'un salarié pour un bénéficiaire d'intérêt général, sur son temps de travail, contrairement au bénévolat de compétences qui s'inscrit dans le temps libre du salarié. Le mécénat de compétences entre dans le cadre de la loi du 1er août 2003 et nécessite, à ce titre, d'être très justement encadré.

Pour mieux connaître cette nouvelle facette de l'engagement des actifs dans le monde associatif, Admical et Pro Bono Lab ont lancé la première enquête[6] sur le mécénat de compétences en France. Les résultats de l'enquête et les témoignages d'entreprises engagées confirment le dynamisme du mécénat de compétences et son fort potentiel de développement. Permettre à ses salariés de s'engager pour des projets d'intérêt général est un pari gagnant pour tous. Ainsi près de 24 000 entreprises proposent à leurs collaborateurs de faire du mécénat de compétences en France, soit 15 % des entreprises mécènes.

6 *Le Mécénat d'entreprise en France*, Admical-CSA, 2014.

Parmi les entreprises répondantes qui pratiquent le mécénat de compétences, la moitié l'a mis en place au cours des trois dernières années, et un quart dans les douze derniers mois.

POURQUOI LES ENTREPRISES EN FONT-ELLES ?

34 % des entreprises interrogées font d'abord du mécénat de compétences pour accompagner leurs partenaires (87 % des missions sont réalisées au profit d'associations). Leur engagement est donc un signe de l'attention portée aux besoins spécifiques des bénéficiaires. Ensuite, il s'agit pour l'entreprise d'impliquer (25 %) et de fédérer (20 %) ses collaborateurs. Enfin, pour 7 % des entreprises impliquées, le mécénat de compétences est un moyen de renforcer leur ancrage territorial.

COMMENT LES ENTREPRISES LE PRATIQUENT-ELLES ?

On observe une grande diversité des situations dans la mise en œuvre opérationnelle du mécénat de compétences : le temps d'engagement accordé aux salariés varie (de moins de deux jours à plus d'une semaine) ; les missions se font individuellement (52 % des missions proposées) ou en équipe (48 %). Les compétences professionnelles sont à l'honneur dans les missions réalisées par les collaborateurs : 59 % des entreprises proposent uniquement ou majoritairement des missions qui les mobilisent.

Deux tiers des entreprises répondantes qui font du mécénat de compétences ont formalisé au moins un dispositif, par exemple la possibilité pour tous les collaborateurs de l'entreprise de s'impliquer trois jours dans l'année pour des projets soumis par un appel à projet dédié.

Malgré tout son intérêt, le mécénat de compétences ne doit pas être la variable d'ajustement des politiques de ressources humaines, il n'est pas un outil de gestion de l'emploi des seniors ni de mise à l'écart de certains collaborateurs. Sa pratique ne devrait en aucun cas être imposée aux salariés.

L'envoi d'un collaborateur en mission de mécénat de compétences ne s'improvise pas : le collaborateur doit être préparé à intégrer l'association, pour ne pas provoquer de situation d'échec et éviter les déceptions. Il faut donc encadrer sa mission en lui permettant de se familiariser avec le contexte dans lequel il va s'intégrer et en lui expliquant quel sera l'impact de son action. Il est également important de veiller à ce que le départ en mission de mécénat de compétences ne soit pas handicapant pour la carrière du collaborateur et que ce type d'initiative soit valorisé dans l'entreprise par la direction des ressources humaines.

Le mécénat de compétences doit être limité dans :
– son objet : la mission doit répondre à un besoin réel et identifié du porteur de projets ;
– sa durée : il doit s'agir de missions ponctuelles.
– son issue : le salarié doit ensuite retrouver son poste dans l'entreprise.

Enfin, il faut rappeler que la première motivation des entreprises mécènes qui proposent à leurs collaborateurs du mécénat de compétences est d'accompagner les associations.

Le volontariat

PRÉSENTATION DES DIFFÉRENTS DISPOSITIFS DE VOLONTARIAT

La reconnaissance de l'engagement associatif, du bénévolat et du volontariat a fait l'objet de points particuliers dans les trois dernières éditions du bilan de la vie associative réalisées par le Conseil national de la vie associative, réaffirmant le sens et la spécificité de ces engagements au moment où des lois étaient élaborées pour instaurer de nouveaux statuts de volontaires et des programmes soutenant l'engagement des jeunes : successivement les volontariats civils issus de la réforme du service national en 2000; le volontariat associatif et le service civil volontaire en 2006; le service civique en 2010.

Le développement d'un programme national de service civique pour les jeunes avait en 2010 de réels atouts pour réussir. Des réflexions, des débats et des concertations avaient mobilisé assez largement le monde associatif comme les politiques, et une mise en place opérationnelle était expérimentée avec le service civil volontaire. Rassemblant au-delà des partis, la loi avait été adoptée à la quasi-unanimité, et un budget de 40 millions d'euros était attribué dès 2010 pour le service civique. Dans une réelle volonté politique, l'objectif affiché était d'atteindre en quelques années 10 % d'une classe d'âge, soit 75 000 jeunes en service civique chaque année.

Nouvel enjeu national, cette forme de service civique a concentré l'attention, mobilisant les associations, tant sur le terrain pour structurer l'accueil des jeunes volontaires que dans des instances de concertation comme le comité stratégique et les comités régionaux du service civique, ou encore dans des initiatives interassociatives, nationales et locales.

La vocation du service civique n'était pourtant pas seulement de créer un programme national de volontariat pour les 16-25 ans pris en charge par l'État. Dans un souci de lisibilité il s'agissait aussi de regrouper différents cadres existants. Ainsi, le volontariat de solidarité internationale, le service volontaire européen, mais aussi le volontariat international en administration et le volontariat international en entreprise étaient reconnus comme une forme de service civique et un « *volontariat de service civique* », se substituant au volontariat associatif créé en 2006, était instauré pour les personnes de plus de 25 ans. Ces différents volontariats, effectués dans des structures publiques comme dans des associations, et même dans des entreprises françaises à l'étranger pour le VIE, sont ainsi depuis 2010 des formes de volontariat du « *service national universel* », inscrites dans le code du service national.

LE SERVICE CIVIQUE[7]

Sous les termes « service civique », c'est généralement le seul « engagement de service civique », pris en charge par l'État pour les jeunes de 16 à 25 ans qui est identifié, dans les déclarations politiques comme dans la communication.

La montée en charge de ce programme a fait l'objet de constantes préoccupations pour concilier objectifs quantitatifs et développement qualitatif; mobiliser des structures et les pouvoirs publics sur l'ensemble du territoire; assurer le financement d'un budget plus important chaque année…

Moins de 3000 jeunes avaient intégré le service civil volontaire en 2009. Ce chiffre a été doublé dès 2010 avec le service civique. En 2011, 13403 nouveaux contrats d'engagement de service civique étaient signés, 19481 en 2012, 19937 en 2013. Pour 2014, l'objectif était de 23000 nouveaux contrats, 32000 seront signés en réalité. Fin 2014, environ 80000 jeunes auront ainsi signé un engagement de service civique depuis son lancement en 2010.

■ Un investissement financier important dans un contexte de restriction budgétaire

L'essentiel du budget du service civique est doté sur le programme 163 « Jeunesse et vie associative », qui affiche de ce fait une progression importante depuis 2010, alors que les budgets de l'État sont majoritairement en diminution. Une augmentation de 100 millions d'euros a été prévue par le gouvernement pour porter à 221 millions d'euros le budget du service civique en 2017.

Pour 2015, le budget du service civique dans le programme 163 a été augmenté de 25 millions d'euros lors de la discussion des crédits de la mission « Travail et emploi », il sera complété par des fonds européens de l'initiative pour l'emploi des jeunes (IEJ). Ces deux lignes ont été obtenues en valorisant le service civique comme outil d'insertion des jeunes. Cependant, le service civique doit se développer dans une démarche citoyenne et sociale et ne pas être appréhendé uniquement comme un dispositif d'insertion professionnelle.

■ 4000 organismes agréés, 80 % sont des associations

Les personnes morales de droit public (collectivités, établissements publics, services de l'État) et les organismes sans but lucratif (associations et fondations, à l'exclusion des associations cultuelles, des congrégations, des associations politiques, des fondations d'entreprise et des comités d'entreprise) peuvent demander un agrément pour accueillir des jeunes en service civique. L'Agence du service civique agrée les organisations à vocation nationale, les préfets de région, délégués territoriaux de l'agence, les structures à vocation régionale ou locale. Année après année, les agréments locaux prennent de l'importance, l'objectif est d'atteindre l'équilibre entre les contrats signés au niveau local et ceux signés au niveau national.

7 *NB* : cette partie a été écrite en décembre 2014, avant les annonces du président de la République d'un plan plus ambitieux dès 2015.

Pour leur grande majorité, les structures n'accueillent pas plus de cinq jeunes par an. Trois réseaux, la Ligue de l'enseignement, Unis-Cité, l'Union nationale des missions locales accueillent de 1000 à 2000 volontaires chacun. Au total, les associations recrutent plus de 80% des jeunes en service civique, mais elles mettent à la disposition de collectivités ou d'établissement publics une partie de ces volontaires (intermédiation).

Des objectifs d'accessibilité et de mixité

L'engagement de service civique, pris en charge par l'État, est ouvert à tous les jeunes de 16 à 25 ans. Comme dans d'autres programmes, les jeunes de tous les pays de l'Union européenne et, sous certaines conditions, les jeunes étrangers résidant légalement en France peuvent réaliser un service civique.

L'accessibilité à tous les jeunes, quels que soient leur âge, leur niveau d'étude, leur situation sociale ou professionnelle, constitue un fondement du service civique. Des objectifs sont fixés chaque année pour développer la participation de certaines catégories de jeunes, et notamment :
- les jeunes les moins qualifiés et les jeunes en décrochage scolaire,
- les jeunes issus des quartiers prioritaires de la politique de la ville,
- les jeunes des outre-mer,
- les jeunes en situation de handicap.

Comme dans beaucoup d'autres programmes de volontariat, les femmes sont majoritaires (plus de 58%). Avec le programme « Décrocheurs », la proportion de jeunes mineurs augmente depuis 2013, mais reste faible (moins de 4%), la moyenne d'âge est de 21 ans.

Une ouverture internationale, mais des modalités peu adaptées à la mobilité

Le service civique est majoritairement effectué en France, mais il peut aussi être réalisé dans un autre pays. Depuis le début du service civique 1500 volontaires sont partis à l'étranger, soit 2% des volontaires. Le développement du service civique à l'international reste aujourd'hui limité, notamment pour des raisons financières, les frais liés à la mobilité restant à couvrir. Mais le service civique se fait une place au côté d'autres programmes plus anciens, comme le service volontaire européen et le volontariat de solidarité internationale.

L'ouverture apportée en 2010 par le service civique est la possibilité d'accueillir en France des volontaires venant de l'étranger dans un principe de réciprocité : si des Français effectuent un volontariat dans un pays, des volontaires de ce pays peuvent être accueillis en France en service civique, aux mêmes conditions de statut et de prise en charge que les Français. Quelques centaines de jeunes venant de différents pays d'Asie, d'Afrique et des Amériques ont ainsi réalisé un service civique en France.

Des programmes d'accueil et d'envoi de volontaires sont portés par des organismes comme l'Office franco-allemand pour la jeunesse (OFAJ) et l'Office franco-québécois pour la jeunesse (OFQJ), ils sont aussi développés par des réseaux associatifs, des collectivités dans le cadre de la coopération décentralisée.

France Volontaires est le pôle ressources du volet international du service civique, il s'appuie sur ses membres en France et le Réseau des espaces volontariats à l'étranger pour en développer la qualité.

Une meilleure articulation entre le service civique et les programmes de mobilité est un enjeu.

■ La reconnaissance et la valorisation du service civique

Un statut particulier pour un engagement d'intérêt général

Comme les autres contrats de volontariat de droit français, le contrat de service civique ne relève pas des dispositions du code du travail, il *« organise une collaboration exclusive de tout lien de subordination »*. Dans l'engagement de service civique, le jeune bénéficie d'une indemnité mensuelle d'environ 570 € (montant 2014), en grande partie versée par l'État, d'une protection sociale de base et ses trimestres de service sont pris en compte pour la retraite.

La reconnaissance du volontariat comme élément fort d'un parcours

Un des freins au développement du volontariat en France vient du manque de reconnaissance de l'engagement comme temps nécessaire et structurant de la vie d'une personne comme de celle de la société. À l'image de nos voisins anglo-saxons et de pays du nord de l'Europe qui ont développé une culture du volontariat, les mentalités doivent progresser en France pour que ces engagements soient mieux reconnus et facilités dans le parcours de formation des jeunes (année de césure, valorisation des compétences acquises...). Faire connaître le service civique et mettre en lumière ce qu'il apporte en termes d'ouverture, de citoyenneté, de compétences sociales et professionnelles, demeure essentiel, et de nombreuses démarches sont engagées dans ce sens par l'Agence du service civique : campagnes de promotion, conventions avec des établissements de formation, des entreprises...

Structure associative, l'Institut du service civique, créé par Martin Hirsch en 2012, indépendant de l'Agence du service civique et financé exclusivement par des fonds privés, accompagne les lauréats (150 en 2012, 200 en 2013, 250 en 2014), en partenariat avec des établissements d'enseignement et des entreprises dans leur parcours de formation, d'emploi ou de création d'activité.

L'Agence du service civique

L'Agence du service civique a été créée, en mai 2010, sous la forme d'un groupement d'intérêt public (GIP), avec l'État (ministère chargé de la Jeunesse) ; l'Agence nationale pour la cohésion sociale et l'égalité des chances (ACSÈ, chargée de la mise en œuvre du service civil volontaire de 2006 à 2010) ; l'Institut national de la jeunesse et de l'éducation populaire (INJEP, observatoire de la jeunesse et des politiques de jeunesse et Agence nationale chargée de la mise en œuvre des programmes européens « Jeunesse », dont l'action « Service volontaire européen»); et la plate-forme France Volontaires, créée fin 2009 pour promouvoir et développer les différentes formes d'engagements relevant des volontariats internationaux d'échange et de solidarité.

Martin Hirsch, qui avait porté la structuration du service civique en tant que haut-commissaire à la jeunesse de 2009 jusqu'à l'adoption de la loi, a été le premier président de l'Agence du service civique. François Chérèque lui a succédé le 1er janvier 2014.

Le comité stratégique

Organisme consultatif auprès du conseil d'administration de l'agence, le comité stratégique regroupe des représentants des organismes d'accueil et de différents ministères, des parlementaires et des jeunes volontaires ainsi qu'une quinzaine d'associations qui participent activement aux réunions et aux travaux des groupes.

L'animation régionale et locale

Les dynamiques autour du service civique mobilisent différents acteurs et prennent différentes formes. Les directions régionales de la jeunesse, des sports et de la cohésion sociale, les conseils régionaux et généraux, les collectivités, les réseaux associatifs portent et animent des initiatives : réunions d'information, formation des tuteurs, organisation de temps de regroupement et de formation civique des volontaires...

Les dynamiques territoriales d'animation et de suivi du service civique sont une clef de son développement tant quantitatif que qualitatif.

Les initiatives interassociatives

Deux espaces se sont structurés autour de ces enjeux : la Plate-forme interassociative pour le service civique et le Comité du service civique associatif constitué en association en 2012, tous deux soutenus par la plate-forme des coordinations associatives (CPCA, devenue Le Mouvement Associatif en 2014).

Des enjeux pour l'avenir

Le volontariat dans les associations existe sous différentes formes, certaines soutenues par des programmes nationaux, européens ou internationaux. Si l'engagement de service civique prend aujourd'hui une part prépondérante en France, une meilleure reconnaissance et valorisation du volontariat en général, à tout âge, reste l'objectif.

Autour du service civique se jouent des équilibres entre projets associatifs et politiques publiques; les engagements bénévoles doivent rester libres et garder leurs statuts de volontaire.

Le témoignage de Siméon

volontaire en service civique au sein de l'association On The Green Road, membre du réseau Animafac, Angers

« Je suis en service civique pour l'association On the Green Road, qui a pour but de sensibiliser à l'écologie, principalement par l'organisation de conférences sur des enjeux environnementaux. Mon rôle est de participer à l'organisation de ces conférences, qui ciblent plus spécifiquement les jeunes et les étudiants mais sont ouvertes à tous.

J'ai décidé de faire un service civique car j'avais envie de m'engager sur des questions liées à l'environnement. Cela me permet de m'impliquer totalement sur le projet pendant plusieurs mois, ce qui n'est pas toujours possible avec le bénévolat, où on est vite limité par son emploi du temps. J'aime le principe de prendre du temps pour effectuer une mission qui va contribuer à la société, et ce que l'on reçoit en échange va beaucoup plus loin que l'indemnité ! Cela me permet d'avancer sur un sujet qui me passionne, d'apprendre et de tester de nouvelles choses. J'aime aussi beaucoup les contacts et les échanges avec le public que j'ai eu l'occasion de rencontrer lors des conférences. Le service civique est un statut très intéressant, qui n'est pas toujours compris au départ mais qui est très valorisant une fois expliqué. »

Le témoignage de Laure

volontaire en service civique au sein de l'association Animafac, Paris

« Je suis volontaire pour Animafac, un réseau d'associations étudiantes. Mes missions sont principalement de donner des coups de pouce aux assos étudiantes tout au long de l'année. Pour cela, je participe à l'organisation de formations, à la conduite de projets, d'apéros ou encore de rencontres à plus grande échelle pour que les assos d'un même territoire mais aussi de la France entière puissent se rencontrer et échanger des bons plans et des idées. Je suis en lien avec les responsables de la vie étudiante et aussi avec des associations pour les aider à promouvoir leurs projets et les mettre en avant. C'est beaucoup de contacts à prendre mais, au final, l'interlocuteur est toujours ravi de l'intérêt qu'on lui porte.

Si j'ai choisi de faire un service civique c'est avant tout parce que je ne savais pas quoi faire de ma vie. J'ai fait des études qui ne m'ont pas plu suffisamment pour que j'en fasse mon métier. Je suis à la recherche de ma vocation, et faire un service civique, c'est avant tout avoir de nouvelles expériences. Et puis, au sein d'Animafac, je balaie plusieurs domaines assez larges qui me font découvrir des univers différents.

Être en service civique me permet aussi d'être plus responsable. Grâce à ma mission, j'ai pu gagner en assurance et acquérir de nouvelles compétences, même celles dont je ne me pensais pas capable.

Ce qui me plaît le plus, c'est cette façon dont ma liberté et mes responsabilités sont liées. Je suis libre d'arriver quand je le souhaite tant que je m'implique suffisamment dans ma mission Dans le cadre de mon accompagnement par ma tutrice, il s'agit toujours d'avoir des conseils pour mon avenir, pas de me forcer à faire une tâche.»

Chapitre 4
La gouvernance dans les associations

La gouvernance, une démarche essentielle, au cœur de la vie associative… Un fonctionnement démocratique au service du projet associatif.

Le secteur associatif n'échappe pas au questionnement général sur la gouvernance

La notion de «gouvernance», très ancienne tant qu'elle se réfère à l'art de gouverner, a été remise au goût du jour dans le monde de l'entreprise, lorsque la pratique anglo-saxonne des affaires, dans les années 70 du siècle dernier, s'est approprié le concept de *corporate governance* sur des registres d'organisation du pouvoir dans les sociétés commerciales en vue de délivrer performance et rentabilité.

Aujourd'hui, si cette gouvernance d'entreprise a évolué, elle reste principalement centrée, comme le notait le Haut Conseil à la vie associative, dans un document d'orientation concernant le socle commun du bénévolat, sur *«l'efficacité de ses instances de direction dans une logique d'optimisation des moyens mis en œuvre, humains, matériels et financiers, face aux contraintes qui lui sont imposées, d'ordre sociétal et environnemental»*.

Dans le prolongement de cette percée conceptuelle, l'ensemble des institutions, y compris celles du secteur public, s'est trouvé confronté à une nouvelle exigence citoyenne de transparence, de responsabilité et d'efficacité des modes d'organisation du pouvoir. Le secteur associatif ne pouvait y échapper complètement, même s'il affiche souvent une réserve de principe à l'égard des critères et des paramètres en vigueur dans l'économie d'entreprise.

De multiples initiatives se sont développées pour tenter de convertir les responsables associatifs aux vertus d'une gouvernance de qualité, de même que sont apparus des prestataires de services spécialisés dans ce créneau, mais la terminologie employée n'était pas toujours suffisamment démarquée de celle de l'entreprise pour être jugée recevable.

Une démarche mieux ciblée pour le secteur associatif a été entreprise à partir de 2006 par l'Institut français des administrateurs (IFA) avec un groupe de travail animé par Jean-Michel Bloch-Lainé, président de l'UNIOPSS[1]. L'IFA a d'abord diffusé 20 recommandations pour les administrateurs des grandes associations et fondations, puis proposé en 2007 un outil d'autodiagnostic pour *Évaluer son conseil d'administration* et, enfin, publié en octobre 2008 un ouvrage plus complet sur *La Gouvernance des associations et fondations*, qui fait toujours référence dans le secteur.

---

1 Union interfédérale des organismes privés sanitaires et sociaux.

Pour les organisations faisant appel à la générosité publique (AGP), les éléments constitutifs d'une bonne gouvernance trouvent également leur place dans les référentiels servant de support aux processus de labellisation destinés à nourrir la confiance des donateurs et du public. Ainsi le Comité de la charte a-t-il, depuis sa création en 1989, porté un certain nombre d'exigences relatives à la responsabilité des conseils d'administration, au fonctionnement statutaire et à la gestion désintéressée.

S'agissant des organismes reconnus d'utilité publique (RUP), le Conseil d'État, qui intervient dans la procédure administrative de reconnaissance, a élaboré de son côté des statuts types qu'il s'attache à faire adopter par les organisations concernées lorsqu'elles modifient leurs statuts. Mais cette attitude considérée comme trop rigide soulève beaucoup de réticences de leur part.

UNE GOUVERNANCE CONFRONTÉE AUX SPÉCIFICITÉS ASSOCIATIVES

La mise au point d'une gouvernance de qualité pour le secteur associatif reste néanmoins aujourd'hui un sujet de recherche et de débats.

En 2010, Hervé Garrault, consultant et directeur de l'Adéma[2], définissait la gouvernance dans un dossier paru dans *Juris Associations* intitulé « Projet associatif et gouvernance : le préalable au changement des statuts[3] » (d'une association) : « [...] *la gouvernance est la mise en œuvre du système par lequel les associations sont dirigées et contrôlées. Pour faire court, elle définit la relation entre l'assemblée générale, le conseil d'administration et la direction opérationnelle, auxquels s'ajoutent les divers organes consultatifs. On comprend ainsi qu'il est indispensable de bien définir les divers éléments de gouvernance pour faire fonctionner au mieux l'association.* »

Cependant, la question des statuts ne résume pas à elle seule la question de la gouvernance.

Dans une *Tribune Fonda* parue en 2013, Roger Sue, sociologue, en guise d'introduction d'un dossier consacré à la gouvernance associative, confère à cette dernière une nouvelle dimension : « *Le terme gouvernance est une autre manière de désigner le pouvoir, non pas le pouvoir politique des hommes sur les hommes, mais plutôt le pouvoir de faire. La gouvernance désigne en outre une évolution et une transformation en cours*[4] [...] »

2 Association pour le développement du management associatif.

3 *Juris Associations*, n° 412, 1er février 2010.

4 Introduction au petit déjeuner-débat animé par Roger Sue, *Gouvernance associative : face aux enjeux de renouvellement et de parité, quelles innovations possibles ?*, le 21 février 2013.

Il poursuivait en pointant l'ignorance longtemps prévalue des associations envers la notion de gouvernance, qui ne la considéraient pas comme un enjeu prioritaire, et la difficulté de définir la spécificité d'une gouvernance associative alors même qu'un statut associatif ne garantit pas une gouvernance démocratique.

Il convient également de souligner que, si les statuts ne garantissent pas le fonctionnement démocratique, ce n'est pas l'ignorance des associations mais le poids des contraintes de gestion qui a parfois pu faire déraper certaines associations, notamment les associations gestionnaires.

Dans cette même tribune, Jean-Louis Laville, sociologue et économiste, se référant à l'étude menée en 2010 par le Conservatoire national des arts et métiers (CNAM) en partenariat avec la CPCA (aujourd'hui, Le Mouvement associatif) souligne la difficulté que rencontrent les associations à conjuguer des approches de plus en plus marquées par la technique et le marché sans compromettre leurs identités et leurs valeurs.

Jean-Louis Laville reconnaît la nécessité d'une professionnalisation « *mais qui doit être autolimitée pour éviter un rabattement systématique des associations sur le modèle inadéquat de l'entreprise marchande* ».

Unité de ton au sein de la CPCA (Le Mouvement associatif), qui s'exprime sur les attendus de la gouvernance : « [...] *Le rôle des instances associatives ne se résume pas à du contrôle, du suivi ou de l'évaluation. Elles jouent un rôle fondamental d'orientation stratégique et d'anticipation, d'insertion dans la communauté, et sont déterminantes dans la définition et la conduite du projet associatif.* »

Aussi, ce qui distingue le monde associatif, dans sa gouvernance, c'est sa capacité à mobiliser l'ensemble de ses acteurs, bénévoles, salariés, bénéficiaires, donateurs..., autour du projet associatif, non comme des témoins passifs mais comme les artisans de sa pérennité.

Dans un paragraphe intitulé « Construire une gouvernance à l'image du monde associatif, issu du socle du bénévolat[5] », le Haut Conseil à la vie associative précise : « *L'association, ancrée dans son territoire et respectueuse de son environnement, doit conjuguer harmonieusement les principes de démocratie, de diversité, de parité de renouvellement, d'écoute, de partage, de reconnaissance qui forment la base d'une saine gouvernance. Mais, au-delà de ces principes, la gouvernance associative trouvera son vivier non seulement dans une appropriation fédératrice du projet associatif mais aussi dans la capacité de l'ensemble de ses acteurs à le faire vivre et évoluer dans une dynamique d'innovation sociale.* »

5 Document d'orientation du HCVA sur le socle du bénévolat, mars 2014.

DE LA NÉCESSITÉ D'UNE BONNE GOUVERNANCE AU SERVICE DU PROJET ASSOCIATIF

La grande diversité des associations et des projets qui constituent le socle associatif rend difficile, voire hasardeuse, une modélisation de la gouvernance.

Les difficultés liées à la gouvernance, tant dans les associations employeuses que sans salarié, sont largement analysées par Viviane Tchernonog, dans *Le Paysage associatif français*, notamment la difficulté de renouvellement des structures dirigeantes.

On assiste aujourd'hui à une mobilisation des acteurs associatifs autour d'une gouvernance qui puisse répondre à ses principaux enjeux et défis. En témoigne, par exemple, le Club des administrateurs d'associations et de fondations constitué par l'IFA et le Comité de la charte pour permettre le partage d'expérience entre personnes engagées dans la gouvernance associative. Dans le même souci, l'IFA vient de relancer un groupe d'études pour actualiser les recommandations qu'il avait émises en 2007.

Le Comité de la charte, de son côté, constatant que la qualité de la gouvernance devait constituer l'un des principaux déterminants de la confiance publique, a décidé de compléter les exigences de la Charte du don en confiance dans ce domaine. Mais, plutôt que de retenir des règles impératives qui seraient peu compatibles avec la diversité des situations juridiques, des profils et des cultures, comme avec le principe de libre administration auquel les dirigeants associatifs sont très attachés, il a prévu de jouer la carte de la transparence. Ainsi, à compter de l'année prochaine, les organisations agréées devront établir à l'intention du public et des donateurs une « *communication sur la gouvernance* » articulée sur une dizaine de points clés qui permettront au lecteur de se forger une opinion sur la qualité de l'organisation et son adéquation aux missions poursuivies.

Des outils d'analyse pertinents sont ou ont été développés sur des registres d'ordre statutaire ou de gestion. La Fonda a développé en 2013 un outil d'autodiagnostic généraliste et plus centré sur le projet associatif, Le Mouvement Associatif participe à une vaste étude (voir encadré ci-dessous).

Mutations économiques et sociales, changements démographiques, évolution de l'engagement, entrée en force du numérique sont autant de facteurs qui interpellent la gouvernance associative.

Sans nul doute, le monde associatif prend conscience que la gouvernance se lit dans le présent mais qu'elle prépare son futur.

LA GOUVERNANCE COMME OBJET D'EXPERTISE

Synthèse des travaux issus d'un partenariat entre le Mouvement associatif et le CNAM Paris

La volonté du Mouvement associatif d'approfondir la question de la gouvernance des associations remonte maintenant à plusieurs années, lorsque les référentiels et les guides calqués sur les logiques des entreprises privées ont commencé à se multiplier. Le décalage entre le contenu de beaucoup de ces outils et la réalité des structures associatives était en effet patent, de même que leur potentiel de normalisation du secteur. Un partenariat avec une équipe de chercheurs du CNAM et de l'Université Paris I a permis d'enrichir la réflexion de nouveaux éléments.

Une première étude quantitative, basée sur des données recueillies par questionnaire, a ainsi vu le jour en 2010, elle a mis en évidence différentes spécificités de la gouvernance des associations. Les instances y jouent un rôle avant tout centré sur le projet politique, alors que, dans les entreprises, elles se focalisent sur le contrôle et l'évaluation. Les valeurs et le sentiment d'appartenance identitaire se trouvent également au cœur de leur fonctionnement. Les réunions de ces instances se veulent des espaces de discussion et de prise de décision concertée, même si des progrès restent à faire pour que la participation de l'ensemble des parties prenantes soit bien réelle. Au-delà de ces caractéristiques communes, les gouvernances des associations sont diverses. L'enquête réalisée a permis d'en identifier quatre types : professionnalisée, militante, resserrée et externalisée. Ceux-ci se différencient selon le poids accordé aux acteurs internes et externes (les gouvernances militante et resserrée privilégient les acteurs internes, tandis que celles professionnalisée et externalisée donnent une place essentielle aux acteurs externes), et selon le degré de formalisation des outils et des procédures (les gouvernances resserrée et externalisée présentent une faible formalisation, tandis que celles militante et professionnalisée sont très cadrées). Ces premiers résultats ont été approfondis dans le cadre d'une nouvelle étape de travail.

En 2013, une étude qualitative a été menée auprès de neuf associations sélectionnées sur trois critères : l'existence d'une gouvernance élargie, des modes décisionnels participatifs et le développement d'outils spécifiques. Une analyse du matériau recueilli par entretiens auprès d'acteurs bénévoles, de salariés et d'usagers de ces neuf associations a fait ressortir des questions transversales et récurrentes en matière de gouvernance. La cohérence entre le projet associatif, la visée sociétale et le dispositif de gouvernance est ainsi interrogée au sein de toutes les associations rencontrées. De même, les relations avec les pouvoirs publics et leurs effets sur les actions menées viennent aussi nourrir la réflexion autour de la capacité d'initiative des associations. Le périmètre de participation accordé aux différentes parties prenantes constitue également un souci croissant pour les associations, qui se voient interpellées régulièrement par leurs usagers ou par leurs salariés. Enfin, le poids des outils informatiques et de gestion, loin d'être neutre, est aujourd'hui bien perçu comme un enjeu de gouvernance à part entière.

L'étude qualitative confirme l'existence de deux formes de gouvernance associative dominantes. L'une est qualifiée de militante car elle repose sur des adhérents engagés dans un projet de transformation sociétale et, à ce titre, privilégie une posture d'interpellation de l'action publique qui nourrit l'observation et l'analyse des situations rencontrées par les équipes. L'autre forme de gouvernance, dite « professionnalisée », se construit à la conjonction de nécessités internes et d'influences externes, place les acteurs professionnels au cœur des dispositifs de délibération et valorise leur expertise. L'enseignement principal de ces travaux concerne la multiplicité des pratiques existantes aujourd'hui. L'évolution de la gouvernance des associations ne constitue pas une réponse univoque d'adaptation aux contraintes de leur environnement. Celles-ci sont heureusement capables d'une grande inventivité organisationnelle pour continuer d'assurer démocratiquement la meilleure cohérence entre leur projet et leur fonctionnement.

Gouvernance associative et potentiel démocratique

Lorsqu'il s'agit de décrire les difficultés que rencontre le monde associatif, la question de la gouvernance, notion valise par excellence, vient souvent alimenter les analyses et les débats. Elle peut se restreindre aux instances de direction dont elle souligne de façon alarmante le manque de renouvellement et le caractère sclérosé. À travers la gouvernance se disent aussi les difficultés qui peuvent exister pour faire travailler ensemble bénévoles et salariés, ou encore la complexification croissante des partenariats et des modèles économiques sur lesquels repose le devenir des structures. Les situations évoquées sont multiples et renvoient à des niveaux d'analyse différents. Mais toutes ont pour toile de fond les profondes reconfigurations identitaires et économiques que connaissent les associations aujourd'hui : nouvelles formes d'engagement, raréfaction des financements, évolution des relations partenariales avec la puissance publique et explosion de la commande publique, complexification juridique et comptable, etc. Les logiques de rationalisation qui en découlent et leurs effets sont maintenant bien connus. Peut-être les sentiments d'impuissance et d'assèchement politique des projets le sont-ils un peu moins. L'impression d'une absence de marge de manœuvre n'est pas si rare chez les acteurs associatifs. C'est bien là, sur le terrain des idées, que se situe donc le premier combat à mener, celui de faire exister et connaître des points de vue différents. Afin qu'émergent des alternatives susceptibles de mettre fin au sentiment de n'avoir pas le choix, sentiment si préjudiciable à toute forme d'engagement.

L'intérêt croissant que les acteurs associatifs portent à la question de la gouvernance témoigne de cette recherche de marges de manœuvre dans un environnement aujourd'hui plus contraint. Des pistes existent. Aucune ne relève de la solution clefs en main qui saura s'adapter à chaque situation, à chaque acteur et à chaque contexte. Toutes sont sous-tendues en revanche par des principes structurants et des valeurs qui sont autant de marqueurs identitaires pour le monde associatif. La première de ces pistes concerne l'enjeu de la démocratie interne et renvoie à la volonté de renouveler et de diversifier les profils présents, notamment dans les instances. Elle peut se concrétiser à travers l'inscription dans les statuts associatifs d'une limite au cumul des mandats, ou encore dans la recherche systématique de futurs dirigeants parmi les bénévoles, adhérents, usagers de la structure, en mettant en place les dispositifs adaptés. Une deuxième piste est indissociable de cette première et concerne la mise en place de processus délibératifs et participatifs qui permettront d'associer le plus grand nombre d'acteurs possibles. Au delà de ces deux pistes – il en existe évidemment bien d'autres –, c'est tout le potentiel politique et citoyen des associations, leur capacité à revivifier notre démocratie affaiblie qui sont pointés. Autrement dit, il est plus que jamais urgent pour les associations de se saisir de cet enjeu de la gouvernance associative.

GOUVERNANCE ASSOCIATIVE : SE CONFORMER OU INNOVER TRAVAUX DE LA FONDA

En se posant la question de leur gouvernance, les associations expriment toute une série d'interrogations sur leur fonctionnement : rôle respectif des instances statutaires et des espaces informels, renouvellement des dirigeants, relations entre bénévoles et salariés, participation des bénéficiaires, élargissement du cercle de la décision aux parties prenantes, circulation de l'information, transparence financière… La multiplicité de ces questions rend l'éclairage particulièrement difficile, *a fortiori* si l'on ne prétend pas élaborer un corpus de règles intangibles de la « bonne » gouvernance. Mieux vaut donc essayer d'esquisser ce que pourrait être une approche pragmatique de la gouvernance.

La réalité associative

Contrairement à une croyance largement répandue, la démocratie ne fait nullement partie de l'ADN de l'association selon la loi de 1901. Cette dernière rattache le droit des associations aux principes du droit civil, et non à ceux du droit public, et encore moins du droit constitutionnel. Le mouvement associatif s'est cependant développé en se référant aux idéaux démocratiques, même si les associations s'en sont parfois écartées en pratique. L'exigence d'un fonctionnement démocratique adressé aux associations par les pouvoirs publics exprime en fait celle d'un fonctionnement régulier des instances statutaires. Il s'agit avant tout d'un formalisme qui a pour seul effet utile de permettre un certain contrôle des dirigeants agissant comme mandataires de l'association.

Aussi, selon l'objet, les valeurs et les moyens d'action de l'association, le fonctionnement démocratique peut ensuite connaître toutes les variations imaginables. L'assemblée générale peut simplement valider un compte rendu d'activité, être consultée de manière plus ou moins ouverte sur les choix stratégiques ou être un véritable forum de délibérations collectives. Mais quelle que soit la position du curseur, le fonctionnement régulier des instances statutaires renvoie à un principe commun : une association est un groupement de personnes qui se donnent un but à atteindre, un projet, et qui décident d'agir collectivement en vertu de règles qu'elles établissent librement.

Comparativement, l'approche managériale occupe sans doute plus de place que l'approche démocratique dans la vraie vie des associations. Elle concerne au premier chef les associations qui emploient des salariés et qui peuvent être assimilées à des entreprises, notamment lorsqu'il s'agit d'établissements sociaux ou médico-sociaux. Le modèle théorique de l'entreprise s'arrête cependant là où commence l'activité commune des salariés et des bénévoles : entre l'engagement des premiers dans le projet associatif et la professionnalisation des seconds, la frontière se brouille, et le critère de subordination, essentiel à la définition du contrat de travail, s'avère souvent inopérant.

Consultés dans le cadre d'une enquête quantitative pilotée par Viviane Tchernonog et Jacqueline Mengin*, les responsables associatifs sont parfaitement conscients des points faibles de la gouvernance : 63 % des répondants estiment que les associations ne savent pas renouveler leur organisation et leur gouvernance. Plus précisément, les difficultés de renouvellement des dirigeants, l'insuffisante représentation des femmes, des jeunes, ou d'une pluralité de personnes et un pouvoir souvent peu partagé au sein de l'association constituent, pour près de 75 % d'entre eux, les principales faiblesses de l'action associative. En outre, 54 % jugent que les dirigeants ne sont pas assez audacieux face aux évolutions et les associations en place leur paraissent trop figées ; pour 56 % d'entre eux, l'innovation est surtout portée par les associations émergentes.

Le renouvellement des pratiques associatives

Visionnaires ou pragmatiques, un certain nombre de dirigeants est pourtant en train de changer de logiciel. Ils et elles ont pris en compte les transformations majeures qui se jouent sous leurs yeux : l'individu se positionne désormais différemment au cœur du collectif, il se défie du jargon et des logiques institutionnelles, et se réfère davantage à l'autorité de ses pairs qu'à celle de ses pères. Articulant sa trajectoire individuelle à des logiques collectives, il s'engage dans des actions qui font sens, visibles et mesurables. Les outils numériques rebattent les cartes des circuits d'information, de consultation et de décision, et l'individu s'en empare pour porter plus haut la cause de son association. Enfin, il ouvre les barrières à l'entrée, tirant profit de la pluri-appartenance des individus et de la porosité des frontières entre différentes familles d'acteurs.

Par exemple, les auditions de responsables associatifs que conduit la Fonda en ce moment mettent en lumière des modes de gouvernance ouverts, régis par des logiques ascendantes, s'appuyant sur une délibération collective rendue possible grâce aux outils numériques. Ou encore des mécanismes qui permettent le renouvellement systématique des dirigeants, tout en garantissant la transmission du capital de connaissances. Ou encore, des logiques fédérales revisitées par le biais de l'élaboration d'un cadre commun, défini collectivement, permettant l'articulation des plans d'actions régionaux et nationaux.

Il est encore trop tôt pour présenter une synthèse des enseignements à caractère stratégique que pourraient tirer des responsables associatifs des travaux de la Fonda. Mais on peut déjà souligner trois points de vigilance.

Le premier, c'est qu'il n'existe aucun remède miracle, du moins pas de remède sans effets secondaires. Par exemple : se placer sous la contrainte de rajeunir les instances de gouvernance conduit à mobiliser des personnes à qui leurs activités et leur trajectoire professionnelle ne laissent que peu de disponibilité pour participer pleinement aux espaces de décision et de pilotage.

Le second, c'est que le facteur humain reste déterminant. Les transformations engagées, réussies ou non, reposent dans tous les cas sur la volonté des dirigeants d'interroger leurs pratiques, d'ouvrir les espaces de décisions, de partager le pouvoir.

---

* Enquête en ligne qui s'est déroulée de mars à juillet 2011, auprès de 1 256 acteurs associatifs.

Le troisième, et non des moindres, est le suivant : comme le rappelle Jean-Louis Laville, il serait hasardeux sur le plan méthodologique d'isoler la gouvernance du fonctionnement global des associations. La gouvernance doit permettre l'articulation d'un projet et d'une organisation. On peut déduire de ce principe les trois règles élémentaires de la démocratie associative :

- **vérifier régulièrement la pertinence et la permanence du projet ;**
- **s'assurer que l'action menée est conforme au projet, en mesurer l'impact ;**
- **conduire l'action conformément aux règles établies en commun.**

De fait, les responsables associatifs ne peuvent plus faire l'économie d'interroger leurs pratiques : le monde change, il demande agilité et sobriété.

Un exemple de mobilisation générale pour plus de démocratie

Le projet associatif de l'APF (association des paralysés de France) appelle à « *imaginer une organisation associative plus transparente, plus réactive et plus participative* ». C'est pourquoi, à l'initiative de cinq élus départementaux et régionaux, l'assemblée générale 2013 a engagé l'association dans une nouvelle étape de développement de sa démocratie interne.

La séquence débute dix ans plus tôt, quand le congrès de l'APF, en 2003, a choisi la démocratie interne en créant des conseils départementaux et régionaux élus, faisant passer l'association de 24 élus à plus de 800.

Dix ans de pratique après, mesurant les nombreuses avancées et constatant les nombreuses insatisfactions, cinq élus ont été mandatés par le conseil d'administration pour conduire une démarche d'évaluation et de recommandations. Un questionnaire assez fouillé a permis de recueillir l'avis de plus de un millier d'adhérents, et une vingtaine de rencontres ont ouvert un dialogue direct avec plusieurs centaines d'élus et de salariés qui les accompagnent.

Cette consultation a mis des mots sur l'envie de démocratie, sur l'enjeu de faire participer les personnes directement concernées, en dépassant souvent les difficultés liées à leur handicap. L'ambition démocratique ne fait plus débat. En revanche, tout le monde s'accorde sur la nécessité d'approfondir, de renouveler, de rénover les pratiques du jeu démocratique. Ainsi, l'assemblée générale 2014 a adopté plusieurs évolutions, notamment pour renforcer la légitimité des élus, en améliorant le processus d'appel à candidatures afin d'augmenter le choix lors de l'élection, en demandant à chaque candidat une déclaration d'intention, en proposant une démarche éthique sur l'égalité des chances entre candidats. Une autre évolution vise à constituer des conseils plus forts, en réduisant légèrement le nombre de membres et en leur donnant la capacité de mandater d'autres adhérents pour des missions ou des représentations externes.

Cette démarche d'évaluation prospective, parfois exigeante et sévère avec les acteurs qui portent la démocratie au quotidien, est un chemin de développement individuel et collectif. Ses promoteurs encouragent l'association à l'inscrire dans le temps, à travers une sorte d'observatoire de la démocratie associative... peut-être dans une perspective interassociative. À suivre !

La question du renouvellement des dirigeants

Les principales difficultés rencontrées aujourd'hui par les associations ne portent pas sur le nombre de bénévoles, dont on sait qu'il est en augmentation, mais sur l'engagement de ceux-ci aux postes de responsabilité, notamment ceux d'élus dans les instances dirigeantes.

Cette situation résulte à la fois d'inquiétudes, fondées ou non, qui pèsent sur les dirigeants, et de la nécessaire disponibilité pour remplir ces missions, que n'ont pas toujours les jeunes.

Il peut arriver aussi que les plus anciens aient quelques réticences à accueillir de plus jeunes aux postes de responsabilité. Or les enquêtes le montrent, la population jeune est sans doute celle qui progresse le plus en nombre de bénévoles.

Ainsi, en 2013, sur 12,3 millions de bénévoles, on compte 26 % de 15-35 ans mais seulement 8 % de présidents de 18-35 ans, et les plus de 65 ans, qui représentent 30,7 % de bénévoles, sont 34 % à être présidents.

De même, l'appartenance à une catégorie sociale continue d'être un facteur déterminant pour l'engagement, 5 % des ouvriers sont présidents alors que les cadres moyens et les employés sont autour de 25 % à occuper ces fonctions.

Enfin, il faut noter que, même si la parité n'existe pas encore dans les instances dirigeantes de la plupart des associations, il y a une certaine progression puisque, entre 2003 et 2011, on passe de 26 % à 34 % de femmes présidentes.

Le témoignage de Stéphanie
du Secours populaire

« Depuis l'enfance, j'ai été baignée dans le monde associatif, mon papa œuvrait dans diverses associations : club de football, comité d'animations d'une commune... Aussi, j'étais mise régulièrement à contribution pour aider à l'organisation de différents événementiels.

Après mes études, j'ai commencé ma carrière professionnelle au Centre hospitalier universitaire de Caen. Je ne connaissais personne dans cette ville et j'avais du temps après ma journée de travail.

Naturellement, j'ai eu besoin de rencontrer du monde et de me sentir utile. J'ai alors contacté France Bénévolat pour proposer mes services. Lors de l'entretien, l'accueillant m'a exposé les besoins de quelques associations et j'ai choisi le Secours populaire français.

J'ai ainsi commencé au SPF en réalisant de l'accompagnement scolaire deux soirs par semaine.

De fil en aiguille, j'ai intégré l'équipe de la commission internationale. J'ai été sollicité pour intégrer le comité départemental, puis le secrétariat. J'ai eu également l'occasion de participer à plusieurs congrès nationaux, où j'ai pu découvrir la dimension nationale de l'association.

Je me suis prise au jeu, ces nouvelles fonctions me permettaient d'acquérir des connaissances différentes de mes compétences professionnelles et surtout les valeurs de l'association correspondaient totalement à la personne que je souhaitais devenir.

Après quelques années, le département du Calvados a eu besoin d'un nouveau trésorier et j'ai été pressentie. J'ai accepté ce poste en binôme avec un autre bénévole, qui avait le rôle de me former. En parallèle, j'ai été élue au comité national.

Quelques années après, un membre de la commission financière nationale m'a cooptée pour participer à cette instance. Je réalise actuellement mon troisième mandat au sein de la CFN.»

Le témoignage de Jonathan
du Secours populaire

«En 2008, à 19 ans, en parallèle de mes études de droit à Grenoble, j'ai souhaité m'impliquer dans une association de solidarité. Après avoir pris contact avec plusieurs grandes associations, la première prise de contact est venue du Secours populaire français (SPF) et le courant est bien passé avec les personnes qui m'ont accueilli.

Je me suis impliqué dans les activités de collectes de fonds : brocantes, braderies, paquets-cadeaux, buvettes, etc. Puis, un an plus tard, on m'a proposé de rejoindre le comité départemental et la commission "collectes et communication".

En 2010, on me proposa de rejoindre le secrétariat départemental pour porter les projets de cette commission et participer à l'exécutif de la fédération de l'Isère. J'ai eu l'occasion de participer aux rencontres nationales de la communication de l'association, aux rencontres des jeunes, aux séminaires relatifs au site Internet, à des formations, etc.

Au cours de l'année 2010, je me suis intéressé de plus près aux problématiques financières de l'association et j'ai été invité à la commission financière départementale. Il s'agit également de l'année où j'ai arrêté mes études et je suis entré dans la vie active comme administratif dans les services déconcentrés de l'Éducation nationale.

En 2011, j'ai été réélu au secrétariat départemental mais, cette fois, avec une nouvelle responsabilité : trésorier départemental.

En 2013, j'ai poursuivi cette mission et j'ai été élu au comité national. Ces nouvelles missions au niveau national conduisent à participer au conseil de région de l'association et d'un pôle (communication et ressources) au niveau national.

Ces sept années au Secours populaire français m'ont déjà apporté beaucoup, en rencontres, en sens donné à ma vie et en connaissances (je ne connaissais rien à la comptabilité initialement, c'est par les bénévoles et les salariés de l'association que j'ai appris). L'engagement de dirigeant d'association est passionnant. Dans ce cadre, je ne ressens pas de problématique spécifique liée à mon âge (26 ans), mais plutôt des problématiques en tant que salarié. Au niveau départemental, les réunions sont organisées le soir ou le week-end et mes missions me permettent de faire du bénévolat à distance. Par contre, au niveau national, les réunions sont majoritairement en semaine, elles nécessitent de poser des jours de congé et de faire l'aller-retour en train (6 heures) pour des réunions qui durent de 2 à 6 heures. Le bénévolat hors les murs, à des horaires décalés et les réunions des instances à distance par visioconférence sont des éléments dont le SPF comme les autres associations devront s'emparer pleinement à l'avenir pour veiller à conserver des équipes de direction représentatives de la diversité de la société.»

Chapitre 5
L'engagement des associations dans la société

La forme de regroupement de personnes que constituent les associations connaît un succès important et une augmentation quasi constante depuis 1901.

Aujourd'hui, plus d'un siècle après, les associations sont au cœur de la société, présentes dans tous les secteurs de la vie quotidienne comme dans la défense des grandes causes, sur le territoire national comme dans le monde.

Les associations marquent l'évolution d'une société, et nombres d'entre elles, qui agissent au nom de l'intérêt général, sont indispensables à l'harmonie sociale, qu'elles produisent des biens ou offrent des services, ou encore qu'elles permettent aux habitants d'agir ensemble pour le bien commun.

« Une nation peut se maintenir seulement si, entre l'État et les individus, est intercalée une série de groupes intermédiaires assez proches des individus pour les attirer fortement dans la sphère de l'action et les entraîner sur cette voie dans le cours général de la vie sociale[1]. »

La Charte des engagements réciproques

La Charte des engagements réciproques, signée par l'État et le monde associatif représenté par la CPCA en 2001, a constitué à bien des égards un texte fondateur, posant le cadre et les éléments incontournables d'un dialogue civil approfondi. Mais l'enthousiasme qui a accompagné sa signature a vite laissé place à l'inertie et l'inaction. Pendant dix années, cette charte n'a pas vécu en tant que telle, même si elle a pu faire des émules à différentes échelles territoriales, régionale et municipale en particulier. Son actualisation a fait partie de la plate-forme de propositions de la CPCA pendant la campagne présidentielle de 2012. Promise par le candidat François Hollande, elle a été relancée par la ministre chargée de la Vie associative dès sa nomination, et elle a abouti à un nouveau texte signé le 14 février 2014 à Nancy. Dans un contexte de crise politique inédite, cette nouvelle charte est indispensable pour revivifier notre démocratie, réarticuler ses dimensions représentatives et participatives, en d'autres termes renforcer un dialogue civil qui peine toujours à exister dans notre système politique encore très jacobin. La nouvelle charte, qui associe désormais les collectivités territoriales aux signataires, offre aussi une occasion et un cadre pour réfléchir collectivement sur les nouvelles formes que doit prendre ce dialogue civil renforcé. Espérons que les acteurs concernés sauront cette fois-ci utiliser l'outil à la hauteur des potentialités qu'il renferme.

1 *De la division du travail social*, Durkheim É., 1893.

LES TRAVAUX PRÉPARATOIRES, LE TEXTE

Dès l'automne 2012, la ministre chargée de la Vie associative Valérie Fourneyron, à la demande de la CPCA notamment, propose de travailler sur le projet de révision de la charte des engagements réciproques de 2001, en élargissant les signataires aux collectivités territoriales, partenaires incontournables des associations.

En janvier 2013 un groupe de travail présidé par Claude Dilain, sénateur, et Jean-Pierre Duport, préfet honoraire, composé de députés, de sénateurs, d'élus de conseils régionaux, généraux et de maires, de représentants des associations, notamment de la CPCA, et de personnalités qualifiées se réunit pour présenter des propositions dans une charte renouvelée.

Le groupe n'avait pas pour mission d'écrire la nouvelle charte, mais de donner les orientations pour le nouveau texte, en tenant compte de la charte de 2001 et de chartes signées dans des régions (dix) et dans des villes (six).

Le rapport a été remis à la ministre en juillet 2013.

Les principales propositions du rapport sont les suivantes :
– refonder les bases du partenariat entre les associations et les collectivités ; cette refondation a plusieurs dimensions : conforter la place des citoyens au sein des instances de concertation ; rendre plus lisibles et plus transparents les critères d'octroi de subventions ; favoriser la création de lieux d'accueil, d'information et de conseil aux associations en partenariat avec les acteurs associatifs et enfin améliorer la gouvernance démocratique des associations au travers notamment du non-cumul des mandats associatifs, de la recherche de parité et de la non-discrimination ;
– mobiliser le Haut Conseil à la vie associative (HCVA) pour rendre compte de l'application de cette nouvelle charte, dont l'évaluation serait réalisée avec le Conseil économique, social et environnemental (CESE) et les structures régionales (CESER).

La charte[2] rénovée reconnaît le rôle essentiel des associations dans la société civile, au service de l'intérêt général. Elle associe les collectivités territoriales qui seront désormais, et pour la première fois, au côté de l'État, parties prenantes à cet acte de reconnaissance.

Elle comprend une partie de principes partagés s'imposant à tous les signataires, et des parties spécifiques pour chacun. Il s'agit, au travers de ce texte, de permettre à tous les partenaires de reconnaître le rôle de chacun au service de l'intérêt général, d'encourager et de soutenir les engagements tant de la part des pouvoirs publics que des associations.

LES SUITES ET LES PERSPECTIVES POUR LA VIE ASSOCIATIVE

La nouvelle charte vise à refonder un partenariat équilibré entre les associations et les collectivités publiques. Afin de trouver sa pleine mise en œuvre, la charte doit être déclinée, au sein des collectivités territoriales, par la signature de textes dans les régions, les départements et les communes,

2 Voir le texte de la charte en annexe.

mais aussi au niveau national en fonction des secteurs d'intervention des associations, afin de renforcer les partenariats avec les ministères concernés. Ce travail doit se poursuivre en 2014-2015. Il sera complété par l'élaboration d'outils d'évaluation, afin de pouvoir mesurer le taux de déclinaison de la charte d'engagements réciproques et l'impact sur les politiques territoriales en direction des associations.

Les associations comme acteurs économiques

Depuis de nombreuses années maintenant, les associations sont reconnues comme des acteurs économiques avec leurs spécificités. Leur poids dans la production de richesse est loin d'être négligeable, puisque, en termes d'emplois par exemple, elles pèsent bien plus que le secteur de l'automobile. Cependant, l'apport des associations se situe ailleurs, dans une manière différente d'intervenir, de faire de l'économie autrement, avec d'autres objectifs que le résultat et les profits financiers. Cet apport se mesure en qualité de vie, de relations sociales et d'utilité sociale, autant d'éléments pour lesquels les outils de mesure ne sont pas encore tous découverts.

Depuis plusieurs décennies, la place des associations dans l'économie n'est plus à démontrer et elles y ont toutes leur part. Il s'agit de l'économie sociale, celle qui respecte l'homme, qui se fonde sur l'engagement au service de tous. Les associations, en effet, représentent près de 85 % des entreprises de l'économie sociale et solidaire, c'est pourquoi elles sont absolument concernées par la loi relative à l'économie sociale et solidaire, qui leur consacre plusieurs articles.

LA LOI RELATIVE À L'ÉCONOMIE SOCIALE ET SOLIDAIRE ET LES ASSOCIATIONS

■ Une loi pour l'économie sociale et solidaire : des opportunités pour les associations

L'économie sociale et solidaire se détermine par un mode **d'entreprendre autrement** : l'entreprenariat social.

L'entreprenariat social conjugue un projet économique, une finalité sociale et une gouvernance démocratique.

Actuellement, on recense 200 000 organisations relevant de l'ESS, essentiellement issues du secteur associatif.

L'ESS emploie en France 2 350 000 personnes, soit 12,5 % des emplois privés. Le poids économique et social de l'ESS se situe entre 7 et 10 % du PIB national.

Enfin, on recense près de 12,5 millions de bénévoles et 21 millions d'adhérents qui apportent leur contribution au développement des associations de l'ESS.

La loi relative à l'économie sociale et solidaire du 31 juillet 2014 comprend les principales dispositions suivantes :

– reconnaissance légale de l'ESS, de ses acteurs, de la singularité de leurs finalités et de leur apport à l'économie nationale;
– définition de la notion d'utilité sociale et de l'agrément «Entreprise solidaire d'utilité sociale» (ESUS);
– reconnaissance légale des institutions contribuant à l'organisation et à la promotion de l'ESS;
– mise en œuvre de dispositifs concourant au développement des entreprises de l'ESS;
– définition et reconnaissance de l'innovation sociale par les financeurs;
– plus particulièrement pour les associations, des moyens pour sécuriser et financer leurs actions et pour promouvoir l'engagement bénévole.

■ Le périmètre de l'ESS (article 1er)

L'article 1er rappelle que l'économie sociale et solidaire est composée des activités de production, de transformation, de distribution, d'échange et de consommation de biens ou de services.

Ces activités sont mises en œuvre par les acteurs historiques de l'ESS (associations, coopératives, fondations, mutuelles). Le législateur a également choisi d'inclure les activités également réalisées par les sociétés commerciales (SA, SARL) lorsqu'elles recherchent un objectif d'utilité sociale, respectent une série de critères financiers et font le choix de s'appliquer à elles-mêmes les principes de l'économie sociale et solidaire.

Les principes de l'ESS sont :
– un but poursuivi autre que le seul partage des bénéfices;
– les bénéfices sont majoritairement consacrés à l'objectif de maintien ou de développement de l'activité de l'entreprise sociale;
– les réserves obligatoires constituées, impartageables, ne peuvent pas être distribuées;
– une gouvernance démocratique, définie et organisée par les statuts, prévoyant l'information et la participation, de l'ensemble des parties prenantes.

■ Les entreprises d'utilité sociale (article 2)

L'article 2 définit le champ des entreprises recherchant une utilité sociale.

Le fait pour une entreprise de prévoir dans son objet social une recherche d'utilité sociale constitue une des conditions d'éligibilité prévue à la fois par l'article 1er relatif à la qualité d'entreprise de l'ESS, et par l'article 11 de la loi qui réforme l'agrément.

Si la loi ESS définit l'utilité sociale, cette notion ne doit pas être confondue avec celle de l'intérêt général ou de l'utilité publique

■ Les institutions représentatives

Le chapitre III de la loi concerne l'organisation et la promotion de l'économie sociale et solidaire, il présente l'ensemble des institutions représentatives de l'ESS :

– le Conseil supérieur de l'économie sociale et solidaire (article 4), qui assure le dialogue entre les acteurs de l'ESS et les pouvoirs publics nationaux et européens;
– la Chambre française de l'économie sociale et solidaire (article 5), qui assure, au plan national, la représentation et la promotion de l'ESS;
– le Conseil national des chambres régionales de l'ESS (CNCRESS) (article 6), qui soutient, anime et coordonne le réseau des chambres régionales de l'économie sociale et solidaire;
– les chambres régionales de l'économie sociale et solidaire (article 6), qui organisent la coordination territoriale de l'ESS.

Les pôles territoriaux de coopération économique (PTCE) (article 9) regroupent sur un même territoire des entreprises de l'ESS et des entreprises liées avec des collectivités territoriales, des établissements d'enseignement supérieur et de recherche, des organismes de formation ou toute autre personne physique ou morale pour mettre en œuvre une stratégie commune de coopération au service de projets économiques et sociaux innovants. La loi fixe également les modalités de l'intervention de l'État dans le financement des PTCE.

■ Dispositifs concourant au développement des entreprises de l'ESS

L'agrément «Entreprise solidaire d'utilité sociale» (article 11)

L'article 11 opère la refonte et la transformation de l'agrément «Entreprise solidaire» en agrément «Entreprise solidaire d'utilité sociale» (ESUS). Cet agrément permet de bénéficier de financement de la part des fonds solidaires (fonds commun de placement d'entreprises solidaires, FCPES) gérés par des sociétés spécialisées dans l'épargne salariale;

La commande publique (article 13)

Au-delà d'un montant annuel d'achats fixé par décret, tout acheteur public, y compris les grandes collectivités territoriales, devra mettre en place un schéma de promotion des achats publics socialement responsables, permettant d'encourager le recours aux clauses dites «sociales[3]» permises par le code des marchés publics; ces schémas devront déterminer des objectifs à atteindre;

Le financement de l'innovation sociale (article 15).

La loi fixe les critères précis caractérisant l'innovation sociale :
– répondre à des besoins sociaux non ou mal satisfaits, que ce soit dans les conditions actuelles du marché ou dans le cadre des politiques publiques;

Ou :
– répondre à des besoins sociaux par une forme innovante d'entreprise, par un processus innovant de production de biens ou de services, ou encore par un mode innovant d'organisation du travail...

---

3 Elles visent à prévoir, dans le cadre des travaux ou des prestations de services inscrites au contrat, la réalisation d'heures de travail d'insertion par des personnes éloignées de l'emploi.

Les dispositions en faveur des associations

Les nouvelles relations entre l'État et les associations (articles 62 et 63)

Pour alléger les contraintes qui pèsent sur les associations, l'article 62 autorise le gouvernement à prendre par ordonnances des mesures de simplification des démarches des associations auprès des administrations (modalités d'enregistrement, d'agrément et de reconnaissance d'utilité publique, conditions d'obtention de financements...).

En outre, la loi reconnaît expressément l'existence du Haut Conseil à la vie associative (HCVA), instance consultative placée auprès du Premier ministre, qui est saisi pour toutes les questions relatives à la vie associative.

Les financements associatifs

Définition de la subvention (article 59)

La clarification du régime juridique s'inscrit dans le souhait de développer l'usage de la subvention en alternative à la commande publique.

Perception des dons et des legs pour toutes les associations d'intérêt général (article 74)

La loi ESS étend la capacité à recevoir des dons et des legs à toutes les associations déclarées depuis trois ans et dont les activités relèvent de l'intérêt général mentionné à l'article 200 du Code général des impôts, elle autorise ces mêmes associations à recevoir à titre gratuit et à gérer des immeubles de rapport. Attention cependant au sort fiscal des libéralités.

Encadrement juridique des fusions, scission et apports partiels d'actifs (articles 71 et 72)

Trois instructions fiscales publiées au *Bulletin officiel des finances publiques* (BOFIP), le 13 juin 2014, viennent préciser le régime fiscal applicable aux opérations de fusion, de scission et d'apport partiel d'actifs. Pour en savoir plus : Instructions du 13 juin 2014, BOI-IS-FUS-10-20-20 et BOI-IS-FUS-20-10, concernant le régime applicable à ces opérations en matière d'impôt sur les sociétés.

Attractivité des titres associatifs (article 70)

La loi améliore l'attractivité des titres associatifs notamment par un nouveau taux de rémunération : le taux de rémunération librement négocié est rehaussé de 2,5 %. Les titres associatifs ne seront remboursables qu'à l'issue d'un délai minimum de sept ans.

Le développement des associations : les dispositifs locaux d'accompagnement (article 61)

Le législateur a consacré les DLA dans les textes. Il s'adresse à toutes les structures créatrices d'emplois développant des activités d'utilité sociale. Il existe un DLA par département. Les DLA sont financés par l'État, la Caisse des dépôts et consignation, le Fonds social européen (FSE), les collectivités locales. L'animation du réseau DLA est assurée par l'Agence de valorisation des initiatives socio-économiques (AVISE).

L'engagement associatif

Volontariat associatif (article 64)

Pour mieux valoriser l'engagement des plus de 25 ans dans les associations, il est créé un «*volontariat associatif*». Ce dispositif remplace le «*volontariat de service civique*» qui était considéré peu attractif.

Le volontariat associatif peut avoir une durée de 6 à 24 mois. La durée cumulée des contrats de volontariat associatif pour un même individu ne peut excéder 36 mois.

Ce dispositif intervient en complément de «*l'engagement du service civique*» pour les 16-25 ans.

Validation des acquis et de l'expérience bénévole. VAE (article 65)

Lorsqu'une demande de validation des acquis de l'expérience émane d'un membre bénévole d'une association, l'article 65 de la loi donne au conseil d'administration de l'association ou, à défaut, à l'assemblée générale, la possibilité d'émettre un avis pour éclairer le jury sur l'engagement du membre bénévole.

Congé d'engagement en réflexion (article 67)

L'article 67 précise que, dans les six mois qui suivent la promulgation de la loi et après une concertation avec les partenaires sociaux, le gouvernement remet au Parlement un rapport sur l'évaluation des dispositifs de congés existants pour favoriser le bénévolat associatif et sur la création d'un congé d'engagement pour l'exercice de responsabilités associatives bénévoles.

Ce rapport portera également sur l'évaluation du congé pour validation des acquis de l'expérience et, plus généralement, sur les modalités d'accès des bénévoles à la validation des acquis de l'expérience.

Fonds territoriaux de développement (article 68)

Des fonds territoriaux de développement associatif peuvent être créés en complément du Fonds de développement pour la vie associative. Les associations qui le souhaitent pourront contribuer à leur financement pour mener des actions communes, lancer des programmes mutuels de recherche et de développement ou encore des cours de formation.

Fonds de formation des dirigeants bénévoles (article 79)

La loi offre la possibilité pour les organismes paritaires collecteurs agréés (OPCA) de créer des fonds de formation des dirigeants bénévoles.

Ces fonds seront financés par les associations à but non lucratif et auront pour mission de financer et d'organiser la formation des dirigeants bénévoles des associations à but non lucratif.

LE FINANCEMENT DES ASSOCIATIONS, LES DERNIERS TRAVAUX DU HCVA

Le financement des associations et son évolution amenant à de profondes mutations du secteur associatif…

Le secteur a une grande capacité d'adaptation aux changements économiques, sociaux et sociétaux. Alors que les besoins de solidarité ont augmenté en raison de la crise, le secteur a connu une forte évolution de son financement, l'amenant à se restructurer en profondeur.

■ L'évolution globale du financement des associations[4]

Pour inscrire leur activité dans la durée, les associations se doivent de bien réfléchir à leur plan de financement.

Les ressources des associations proviennent des cotisations, des dons et du mécénat incluant les legs et les dons des fondations, des recettes tirées de l'activité et des subventions publiques.

Les ressources possibles sont nombreuses, mais pas toujours accessibles.

Elles ont représenté en 2011 un budget de 85,1 milliards d'euros, soit 3,2 % du PIB.

Ces ressources ont augmenté de 43 % depuis 2005, montrant ainsi la vitalité des associations et leur volonté de développer leur action en allant chercher les moyens nécessaires.

Les ressources privées et publiques ont augmenté jusqu'à la crise économique de 2008-2009 à un rythme supérieur à celui du PIB. Les ressources publiques ont augmenté au rythme du PIB, alors que les ressources privées ont augmenté plus vite.

Ce budget est concentré à hauteur de 72 milliards d'euros dans les 183 000 associations employeuses.

À la mobilisation de ces ressources financières doit s'ajouter l'engagement du bénévolat : en effet, aux 85 milliards d'euros de budget, il convient d'ajouter 1,7 milliard d'heures de bénévolat[5]. Si on prend comme coût de référence de l'heure de travail, le SMIC chargé, la contribution bénévole s'élève à près de 20 milliards d'euros, soit 1 % du PIB élargi. Si on valorise au salaire horaire de référence du secteur d'activité, on arrive à près de 40 milliards d'euros, soit 2 % du PIB élargi. À cela il faut ajouter les mises à disposition gratuites de moyens matériels et humains.

Le secteur est un secteur économique dynamique, qui a un poids économique important, mais il a vu ses possibilités de financement évoluer très fortement dans les années récentes.

---

4 Les données et les analyses ci-dessous sont extraites de *Le Paysage associatif français*, V. Tchernonog, 2e édition, Dalloz Juris Associations, 2013.

5 Évaluation de L. Prouteau pour les travaux de V. Tchernonog cités ci-dessus.

L'évolution de la structure des financements des associations

Si la croissance des financements entre 2005 et 2011 a été importante, leur structure a également fortement évolué, comme le montrent les chiffres du tableau ci-dessous.

Rappelons qu'en 2005[6], les associations tiraient une part prédominante de leurs ressources (51 %) de financements publics, avec une large prépondérance des subventions publiques par rapport aux commandes publiques. Les financements privés venaient, quant à eux, à hauteur de 49 %, avec 32 % de recettes d'activité (vente de services associatifs à un prix de marché, produits des fêtes et des manifestations, ventes de type prix de journée...), 12 % de cotisations et 5 % de dons, legs et mécénat (dons d'entreprises privées).

En 2011, la part des financements publics a diminué pour ne plus représenter que 49 %. De plus, cette baisse a surtout affecté les subventions publiques (de 34 % à 24 %) et n'a été que partiellement compensée par les commandes publiques qui sont passées de 17 % à 25 %.

TABLEAU 14 **La structure des financements des associations**

Ress. privées *versus* ress. publiques	Ressources (nature)	En 2005 Toutes associations (en MRD €)	En 2005 Toutes associations (en %)	En 2011 Toutes associations (en MRD €)	En 2011 Toutes associations (en %)
Privées	Cotisations	7,2	12,1	9,1	10,7
Privées	Dons, mécénat et fondations	2,9	4,9 } 49,3	3,4	4,0 } 49,5
Privées	Ventes privées aux usagers	19,2	32,3	30,5	35,8
Publiques	Communes	8,4	14,1	21,1	24,8
Publiques	Départements	5,9	10,0	21,0	24,7
Publiques	Région	2,1	3,5 } 50,7		} 50,5
Publiques	État	7,3	12,3		
Publiques	Europe, organismes sociaux, autres	6,5	10,9		
Total	Total	59,5	100,0	85,1	100,0

Source : Enquêtes CNRS-centre d'économie de la Sorbonne ; V. Tchernonog, Le Paysage associations, *2005-2006 et 2011-2012.*

Une des caractéristiques de l'évolution des financements consiste en la baisse des financements de l'État et la montée en charge des collectivités locales : les financements de l'État ont diminué considérablement, principalement en raison de son déficit structurel, et ont été remplacés en grande partie par ceux des collectivités locales, notamment des conseils généraux. Cette compensation n'a pu se faire que dans certaines proportions.

Une autre caractéristique est la transformation des subventions publiques en commandes ou en appels d'offres. Une de ses origines est un changement de la nature philosophique des relations entre l'État et les associations,

6 Tchernonog, V., *Le Paysage associatif français. Mesures et évolutions*, 2e édition, Dalloz Juris Associations, 2013.

exprimé par le rapport Langlais. Une autre est la conséquence des réglementations fiscales et européennes. Une enquête conduite par la Fonda montre que les associations incriminent plutôt la baisse des subventions publiques et la montée des appels d'offres, car elles ne permettent pas de financer les initiatives du secteur et l'instrumentalisent. Répondre à des appels d'offres au lieu de présenter un projet pour obtenir son financement a fortement modifié les rapports entre la puissance publique et le secteur associatif, en alourdissant les charges de ce dernier et en générant une concurrence perverse entre ses principaux opérateurs.

Ce processus a contraint certaines associations à limiter ainsi leur capacité d'innovation et à se mettre en concurrence entre elles et avec le secteur privé lucratif. Ces mutations ont amené les associations à d'importantes restructurations.

L'impact de la crise lié à la baisse des financements de l'État, compensée jusqu'en 2010 par les collectivités locales, a permis jusqu'à ce moment-là de maintenir l'emploi salarié, qui a diminué depuis lors dans certains secteurs.

De plus, le phénomène a contribué à la disparition d'associations de taille moyenne (9 % en cinq ans), insuffisamment outillées pour soumissionner à des marchés publics et qui pourtant contribuaient au lien social. Sur une période de six ans, on observe une diminution du nombre d'associations bénéficiaires des financements publics : 34 % des associations fonctionnaient en 2005 sans aucun financement public, ce chiffre est de 43 % en 2011. Les secteurs les plus dépendants de l'argent public sont, parmi les associations sans salarié, l'éducation, la formation, l'insertion. Parmi les associations employeuses, il s'agit surtout des secteurs du développement local, de l'action sociale et de la santé, et de l'éducation.

Pour faire face à la baisse des financements publics évoquée plus haut, les associations ont dû augmenter sensiblement leurs ressources d'origine privée. Les comparaisons internationales confirment cette tendance : dans l'analyse comparative des structures associatives à travers le monde présentée par Deloitte au Forum des associations et fondations en novembre 2013, la France tire son financement des activités à hauteur de 36 %, alors que ce financement représente plus de 50 % de leur budget dans dix pays (Brésil, Espagne, États-Unis, Inde, Italie, Japon, Norvège, Royaume-Uni, Suède et Suisse).

Cette privatisation croissante des ressources s'est concrétisée par un développement important de la participation des usagers. L'augmentation des financements privés, et notamment celle des usagers, est principalement due à l'augmentation des associations de membres qui vivent grâce à des cotisations ou à des ventes aux usagers. Cela a conduit les associations à orienter davantage leur projet et leurs actions vers des publics solvables.

La nécessité de renforcer l'économie des financements privés

Cette transformation importante des financements a amené les associations à rechercher le financement de leurs activités auprès des usagers. Cette première possibilité a été largement utilisée et a permis de répondre aux besoins croissants de la société en termes de « services associatifs ».

Pour autant, la crise se faisant de plus en plus sentir, la solvabilité des bénéficiaires régresse et la recherche de financements nouveaux est devenue une nécessité. Jusqu'à une date récente, la réponse associative, reposant sur des financements publics, maintenant sur une plus grande contribution des usagers, est en train de montrer ses limites.

Un constat s'impose et s'affirme depuis quelques décennies : le modèle organisationnel, voire économique, du secteur associatif s'est modifié en profondeur. Et il convient d'accompagner les mutations du secteur et de proposer des solutions concrètes à ses besoins de financement.

C'est ce qu'a fait le HCVA en réponse à la saisine de la ministre des Sports, de la Jeunesse, de l'Éducation populaire et de la Vie associative concernant un rapport sur le financement privé des associations.

Dans un rapport intermédiaire adopté en session plénière le 21 mars 2013, le HCVA a formulé 14 propositions s'organisant autour de trois axes : faciliter le développement des activités des associations, sécuriser et développer la générosité du public et le mécénat des entreprises, et faciliter la consolidation des structures associatives.

Ce rapport intermédiaire a permis l'insertion de certaines de ces propositions dans la loi relative à l'économie sociale et solidaire. Les mesures reprises dans cette loi ont trait à la réforme du titre associatif, aux opérations de fusion, de scission ou d'apports partiels d'actifs entre associations et à la capacité des associations simplement déclarées à posséder des immeubles de rapport. Cette loi comporte également une définition de la subvention et des dispositions sur le financement de l'économie sociale et solidaire.

Le groupe de travail juridique et fiscal a ensuite poursuivi ses travaux en s'efforçant d'approcher l'état de santé des principaux secteurs d'activité de la vie associative. Il a ainsi procédé à l'audition d'experts appartenant aux secteurs sanitaire et social caritatifs, du tourisme, de la jeunesse et de l'éducation populaire, du sport, de la culture ainsi que des experts dans le domaine du financement des associations. Enfin, une séance fut consacrée à une approche européenne et mondiale du financement associatif.

Dans la continuité du premier travail réalisé, le HCVA a ainsi pu adopter le 13 mars 2014 un rapport définitif sur le financement privé du secteur associatif. Ce rapport présente 21 mesures dont 16 prioritaires, celles tournées vers les ressources privées d'activité qui permettraient le développement de l'ensemble des activités, celles destinées à créer de meilleures conditions pour la consolidation et le développement de la vie associative, et enfin celles concernant la générosité plus orientées vers la sécurisation de cette générosité que sur ses possibilités de développement.

Comme les ressources humaines bénévoles, la ressource financière dépensée pour des structures ou des projets d'intérêt général a la capacité de générer une activité économique qui démultiplie l'impact du financement initial. À titre d'exemple, une étude du Conseil économique et social réalisée en 1998 montrait que les effets économiques, sociaux et culturels des festivals sont par exemple considérables : notoriété pour les villes, chiffre d'affaires amélioré pour les entreprises locales, développement du tourisme, réhabilitation de nombreux lieux patrimoniaux, impact sur l'emploi et contribution au renforcement de la cohésion sociale. Une région attractive culturellement crée une activité économique et sociale qui la rend attractive économiquement.

C'est ainsi que toute possibilité offerte de développer le financement privé de la vie associative conduirait à un développement des activités d'intérêt général portées par la vie associative.

QUELQUES PRÉCISIONS SUR LE MÉCÉNAT DES ENTREPRISES

Une autre forme de soutien s'est particulièrement développée ces dernières années, il s'agit non seulement du mécénat des entreprises comme structures, mais aussi du mécénat des dirigeants comme individus.

Ainsi, les entreprises montrent depuis plusieurs années un réel intérêt pour le mécénat, mais la crise et les attaques politiques envers le mécénat ont eu raison de l'engagement de certaines, en particulier les PME. Pourtant, le mécénat a prouvé son efficacité en tant que moteur de développement territorial. Une situation d'autant plus préoccupante que les besoins sociétaux n'ont jamais été aussi importants et urgents.

L'engagement des entreprises dans le mécénat a représenté, selon le baromètre Admical-CSA, 2,8 milliards en 2013. Il varie très fortement en fonction de leur taille.

Les entreprises de taille intermédiaire (ETI) et les grandes entreprises mécènes (2 % des mécènes, soit 3 180 entreprises) donnent en tout 1,6 milliard d'euros, soit un budget moyen de 493 082 euros par entreprise. Leur engagement est stable, notamment parce que ces entreprises développent un mécénat très professionnel, intégré à la stratégie de l'entreprise, combiné à des impératifs forts en termes de responsabilité sociale. Les ETI-GE sont les premières à soutenir des structures publiques (à 46 %), ainsi qu'à effectuer un suivi et une évaluation des projets qu'ils soutiennent (à 69 %), pour développer l'impact de leur mécénat.

Les PME mécènes (19 % des mécènes, soit 30 210 entreprises) donnent en tout 532 millions d'euros, soit un budget moyen de 17 610 euros par entreprise. Elles sont souvent le moteur d'innovations sociales au plan local, et de renforcement des relations entre les acteurs d'un territoire, comme en témoigne l'essor des fondations territoriales. Leur engagement financier est en recul.

Les TPE mécènes (79 % des mécènes, soit 125 610 entreprises), interrogées pour la première fois, donnent en tout 700 millions d'euros, soit un budget moyen de 5 573 euros par entreprise.

Social, sport, santé sont les trois domaines gagnants d'un mécénat de proximité.

Le social reste le budget le plus important (1,064 milliard d'euros). Il est suivi par la santé (448 millions d'euros), qui fait son apparition parmi les domaines qui mobilisent le plus les entreprises, et par la culture (364 millions d'euros).

Le sport mobilise un nombre très important d'entreprises (56 %), mais pour un petit budget (140 millions d'euros, principalement le fait de TPE), il est suivi par la santé, où s'engagent 28 % des entreprises, et l'éducation, qui mobilise 27 % des entreprises mécènes.

La hiérarchie des domaines de mécénat évolue et témoigne d'un véritable souci des préoccupations sociales et sociétales actuelles, ainsi que d'une attention toute particulière apportée aux jeunes et aux nouvelles générations. Agir et pouvoir changer les choses localement est également important pour les mécènes. En effet, les structures privées menant des actions de proximité sont les partenaires privilégiés des entreprises.

Toutes tailles d'entreprises confondues, le nombre de mécènes soutenant les structures publiques (13 %) est moins important que celui soutenant les structures privées (80 %). Néanmoins, la différence de part du budget destinée à chacun des types de structures est plus nuancée : 72 % du budget de mécénat est attribué à des structures privées (soit 2,016 milliards d'euros) et 23 % du budget à des structures publiques (soit 644 millions d'euros).

Le taux de soutien aux structures privées est assez uniforme. Les structures publiques sont davantage soutenues par les ETI-grandes entreprises.

Les ETI-grandes entreprises adressent leurs dons à des structures privées à 87 % et à des structures publiques à 46 %. Les PME, elles, soutiennent également plus les structures privées (85 %), mais beaucoup moins les structures publiques (17 %). C'est la même tendance du côté des TPE : 79 % font du mécénat à destination de structures privées et seulement 11 % à destination de structures publiques[7].

Le premier baromètre du mécénat des entrepreneurs (dirigeants et cadres dirigeants) conduit par Admical et TNS Sofres a permis de montrer que près des trois quarts des chefs d'entreprise et des cadres dirigeants sont mécènes à titre personnel. Un engagement qui se conçoit autant par le don d'argent que par l'implication personnelle auprès d'organismes d'intérêt général, pour lesquels ils mettent à profit leurs compétences professionnelles. Dans le détail, 56 % des entrepreneurs s'engagent par des dons d'argent, avec un don moyen situé autour de 900 euros, et 54 % mènent des actions de soutien à des projets d'intérêt général (conseil, levée de fonds, lobbying...). À noter : ils sont 37 % à faire les deux. Certains vont jusqu'à créer ou participer à la création de structures d'intérêt général, associations ou fondations (17 %). Ces engagements, qui augmentent en fonction de l'âge et des revenus, concernent environ 300 000 entrepreneurs en France, pour un budget global de 200 millions d'euros annuels. Cette forte implication dans l'intérêt général est stable dans la durée : 86 % des mécènes par le don et 79 % des mécènes par l'action ont l'intention de continuer.

7 Éléments du baromètre Admical-CSA 2014.

L'association comme fabrique de citoyens

Le bénévolat qui caractérise l'association trouve son fondement dans l'engagement, les millions de personnes qui donnent un peu, beaucoup de leur temps pour défendre des causes au nom de l'intérêt général participent à un meilleur vivre ensemble. C'est également dans l'éducation des plus jeunes que les associations constituent le creuset de l'apprentissage de la citoyenneté, pour permettre au plus grand nombre d'être acteur de la cité, particulièrement sur les territoires qu'ils soient urbains ou ruraux.

L'association représente pour chacun ce «pouvoir d'agir» au service du plus grand nombre. La signature de la Charte des engagements réciproques entre l'État, Le Mouvement associatif et les collectivités territoriales témoigne de la volonté des pouvoirs publics d'encourager le développement et le rôle des associations dans la société au service du bien commun dans une approche de partenariat entre pouvoirs publics et associations.

Michel Dinet[8] s'exprimait ainsi au moment de la signature de la Charte des engagements réciproques : «*Ce partenariat s'enracine dans une conviction : la société est tonifiée, l'action publique est efficace, la démocratie est respectée et vivifiée quand tous les courants associatifs du développement local, de l'économie sociale et solidaire, du développement durable, de l'éducation populaire, du sport, de l'entraide civile, de la culture, de la solidarité, du caritatif, de la coopération internationale ne sont pas considérés par les responsables politiques comme leurs courroies de transmission mais comme des acteurs majeurs pour construire "d'égal à égal" le développement et la vitalité des territoires et du pays.* [...] *Un troisième pilier de la République doit être promu, encouragé, conforté aux côtés de ceux de l'État et des collectivités : celui de la force créative de la société à travers la participation et l'engagement des citoyens dans l'accomplissement du bien public*[9].»

Les associations ont toute leur place dans l'économie sociale et solidaire, cependant, pour avoir une analyse complète des associations et de la vie associative dans le paysage français aujourd'hui, il faut également répondre à la question suivante : «Toutes les associations sont-elles dans l'économie sociale ?» On répondra alors que plus de 80% des associations n'ont aucun salarié et ne sont donc pas inscrites dans la production d'activités économiques. Pourtant une économie indirecte et parfois invisible existe : comment en effet valoriser dans l'économie, au-delà du bénévolat, le temps passé pour le soutien scolaire, la remise en état des berges d'une petite rivière, le travail sur l'interculturalité dans des soirées contes, les dossiers de demandes de régularisation pour l'accès aux droits... ?

Aussi, à côté de cette production dite «économique» il convient de retenir d'autres caractéristiques et d'autres termes pour qualifier les associations. Parmi ceux-ci l'engagement et ses conséquences revêtent un aspect majeur.

8 Ancien président du conseil général de Meurthe et Moselle, décédé en mars 2014.

9 Nancy, le 14 février 2014.

C'est dès le plus jeune âge que cette éducation à l'engagement doit intervenir. Les associations en sont bien sûr les premiers acteurs, mais l'école a également un rôle clé à jouer. Cet apprentissage participe de celui de la citoyenneté, si l'école apprend aux élèves l'importance de l'engagement au quotidien, pour des actions concrètes et simples, on peut espérer que demain, devenus adultes, ces jeunes seront tout naturellement portés à être des citoyens responsables, agissant avec leurs voisins, leurs amis au service de l'intérêt général. En 2011, lors de l'année européenne du bénévolat et du volontariat, des actions d'information avaient été initiées dans les écoles et les collèges par le biais d'ambassadeurs, celles-ci doivent être poursuivies et développées auprès d'un plus grand nombre. De même, le développement du service civique, souhaité par les plus hauts responsables de l'État contribue à cette culture de l'engagement pour faire des jeunes d'aujourd'hui des adultes responsables capables demain de s'investir dans les associations.

Chapitre 6
L'Europe et l'engagement associatif

Les conséquences des directives sur les associations françaises

QUELQUES PRÉCISIONS

Plusieurs textes, articles du traité de l'Union européenne, directives, paquet Monti-Kroes, puis paquet Almunia, ont conduit à modifier en partie les règles régissant les relations entre pouvoirs publics et associations, notamment dans le cadre du financement.

Un certain nombre de questions ont alors surgi, laissant place à quelques interprétations et provoquant une certaine insécurité pour les associations.

Ainsi, les collectivités publiques doivent-elles obligatoirement passer par une procédure de marchés publics pour sélectionner un prestataire d'intérêt général ?

En 2003, la Cour de justice de l'Union européenne a été appelée à préciser dans quelles conditions une aide d'État est compatible avec les règles européennes.

Voici ce qu'elle précise dans le fameux arrêt Altmark[1] : dans la mesure où une compensation de service public représente la contrepartie de prestations effectuées par l'entreprise pour exécuter des obligations de service public et ne constitue donc pas un avantage ni ne vise à mettre cette entreprise dans une position concurrentielle plus favorable par rapport aux entreprises qui lui font concurrence, elle n'est pas une aide d'État au sens de l'article 107 du traité, car elle ne satisfait pas le critère de distorsion de concurrence. Afin d'échapper à cette qualification d'aide d'État, la compensation de service public doit remplir les 4 critères suivants :
– l'entreprise bénéficiaire doit être effectivement chargée d'obligations de service public clairement définies ;
– les paramètres de la compensation doivent être établis préalablement de manière objective et transparente ;
– la compensation ne peut dépasser ce qui est nécessaire pour couvrir les coûts occasionnés par l'exécution des obligations de service public, en tenant compte des recettes y relatives ainsi que d'un bénéfice raisonnable ;
– lorsque le choix de l'entreprise à laquelle sont confiées les obligations de service public n'est pas issu d'une procédure de marché public permettant de choisir le prestataire capable de fournir le service au moindre coût pour la

1 Cour de justice, arrêt de la Cour du 24 juillet 2003 dans l'affaire C-280/00 (demande de décision préjudicielle du Bundesverwaltungsgericht), Altmark Trans GmbH, Regierungspräsidium Magdeburg contre Nahverkehrsgesellschaft Altmark GmbH, *Journal officiel de l'Union européenne*, C 226, 20 septembre 2003, p. 1.

collectivité, le niveau de la compensation doit être déterminé sur la base d'une analyse des coûts qu'une entreprise moyenne et bien gérée aurait encourus.

Il est intéressant de noter qu'il s'agissait d'une entreprise de transport local, et que toute la réglementation des aides d'État à destination de services d'intérêt général a été basée sur cette jurisprudence.

Le quatrième critère Altmark, celui de *« l'entreprise moyenne et bien gérée »*, est difficilement applicable au monde associatif, parce qu'il n'y a pas beaucoup de références disponibles. La Commission, saisie d'un cas relatif à La Poste, a considéré que, en l'absence de recours au dispositif des marchés publics, *« les autorités françaises auraient dû fournir une étude ou cadre de référence (comparaison avec le marché) qui pourraient permettre d'étayer une telle position*[2] ».

Dans le cas de SIEG (services d'intérêt économique général) qui ne sont pas prestés dans le cadre d'un marché public, si la collectivité publique fournit des justificatifs de ses choix par comparaison au coût d'une prestation lucrative, on est en droit d'estimer que le quatrième critère Altmark est respecté.

La Commission européenne ne manque d'ailleurs jamais de rappeler que la réglementation des aides d'État n'entraîne pas d'obligation particulière en ce qui concerne la façon d'organiser le service (régie, partenariat, délégation de service public...), non plus qu'elle n'entraîne d'obligation d'ouverture à la concurrence. Son objet est de s'assurer que, lorsque le prestataire du service est privé, il ne reçoit pas une « surcompensation », c'est-à-dire une aide qui excède les coûts liés à ses obligations de service public, et qui pourrait donc lui octroyer un avantage concurrentiel sur d'autres activités. Bien entendu, les principes généraux du traité doivent être respectés, en particulier les principes de non-discrimination et de transparence.

■ Une association qui participe à l'intérêt général a-t-elle des obligations de service public qui peuvent être compensées ?

En France, les services associatifs ne sont pas des services publics. Il faut distinguer services publics et services reconnus d'intérêt général. Les services publics sont attachés à un droit individuel du citoyen (droit à la santé, par exemple), ils répondent à des obligations très précises, telles que le principe de continuité du service public (il doit assurer sans interruptions les besoins), d'égalité devant le service public (chaque citoyen doit y avoir accès de manière égale) et d'adaptabilité du service (il doit s'adapter aux évolutions de la société).

Les services d'intérêt général, dans la conception nationale, sont des services considérés comme étant d'utilité publique mais qui ne sont pas rattachés à un droit individuel. Le fait qu'ils soient financés par des fonds publics génère des obligations de service, mais qui sont moindres que dans le cas d'un service public. Les services sociaux, par exemple, sont en général reconnus comme

2 Commission européenne, objet : Aide d'État n° SA.34027 (2011/N), France, abattement fiscal en faveur de La Poste française pour le financement de la présence territoriale, subvention pour le transport et la distribution de la presse par La Poste française, C(2012) 152, Bruxelles, le 25 janvier 2012.

d'intérêt général mais ils ne constituent pas des services publics, à de rares exceptions près. Les textes relatifs aux établissements hospitaliers ont par exemple longtemps fait référence à la participation au service public hospitalier, supprimée par la loi HPST (hôpital, patients, santé, territoires) de 2009. Cette non-qualification de service public provient souvent de la volonté des acteurs eux-mêmes, la qualification de service public entraînant de lourdes obligations et une marge de manœuvre limitée face à l'autorité publique.

Les règles spécifiques de création et de financement des établissements sanitaires et sociaux entrent-elles dans le champ des procédures de marchés publics ?

Il existe plusieurs types de dispositifs d'encadrement par lesquels l'État garantit la qualité des services sociaux délivrés aux usagers. L'avis du Conseil économique et social de 2008 (Pascal F., Avis du Conseil économique et social, *Quel cadre juridique européen pour les services sociaux d'intérêt général ?* 9 avril 2008) fournit une typologie :
- l'autorisation : elle s'applique par exemple aux processus de création, de transformation ou d'extension des établissements sociaux, médico-sociaux, d'accueil de jeunes enfants et de protection de l'enfance, avec des conditions d'organisation et de fonctionnement;
- l'agrément : il s'applique au secteur des services à la personne, aux associations d'éducation populaire…
- le conventionnement des structures associé à un agrément des publics : cette procédure s'applique par exemple aux structures de l'insertion par l'activité économique.

Ce sont ces dispositifs d'autorisation et d'agrément qui sont visés par la directive Services, dite « directive Bolkestein », de 2006.

LES CONSÉQUENCES POUR LE CADRE GÉNÉRAL DES RELATIONS POUVOIRS PUBLICS-ASSOCIATIONS

On peut et doit distinguer au moins trois niveaux de contractualisation compatibles avec les règles européennes sur les aides d'État, les services d'intérêt général et les marchés publics.

Le rapport entre une collectivité publique et une association qui ne donne lieu à aucun retour sur investissement direct pour les besoins propres de la collectivité

Dans ce cas, le rapport entre une collectivité publique et une association ne donne lieu à aucun retour sur investissement pour les besoins propres de la collectivité : même si l'association contribue à l'intérêt général, elle n'est pas chargée d'une mission de service d'intérêt général, la collectivité ne fixe donc pas de cadre précis aux modalités d'intervention de l'association.

On se situe dans le registre discrétionnaire, même si, bien entendu, on vise l'intérêt général ou collectif au sens où la collectivité ne doit pas détourner l'argent public à des fins privées et qu'il faut veiller aux conflits d'intérêts.

La collectivité doit aussi respecter son champ de compétence et son champ géographique d'intervention.

Si on peut demander à une collectivité de rendre publique sa vision de l'intérêt général et collectif sur son territoire, voire d'en débattre, on ne peut pas l'obliger à financer les organisations associatives[3]. La subvention relève de la décision politique des élus de soutenir une entité parce qu'elle contribue à l'intérêt public local ou national. La notion de subvention correspond à un financement alloué par une collectivité publique sans que celui-ci soit la contrepartie d'un service individualisé rendu directement à la collectivité publique versante. Ce financement n'est légal que s'il est accordé pour des raisons d'intérêt général. À défaut d'un service individualisé qui lui serait rendu directement, la collectivité publique n'a aucune obligation de paiement. Cela justifie donc le caractère discrétionnaire de la subvention et le fait que le montant de la subvention peut être très inférieur à la valeur du service rendu.

C'est ainsi qu'il faut comprendre la définition de la subvention donnée dans le projet de loi ESS, à l'article 59 : «*Constituent des subventions, au sens de la présente loi, les contributions facultatives de toute nature, valorisées dans l'acte d'attribution, décidées par les autorités administratives et les organismes chargés de la gestion d'un service public industriel et commercial, justifiées par un intérêt général et destinées à la réalisation d'une action ou d'un projet d'investissement, à la contribution au développement d'activités ou au financement global de l'activité de l'organisme de droit privé bénéficiaire. Ces actions, projets ou activités sont initiés, définis et mis en œuvre par les organismes de droit privé bénéficiaires. Ces contributions ne peuvent constituer la rémunération de prestations individualisées répondant aux besoins des autorités ou organismes qui les accordent.*»

Lorsqu'il n'y a pas d'obligations précises de service public, il n'y a pas d'obligation de recourir au mandatement[4]. En ce sens, la disposition suivante de la circulaire du 18 janvier 2010 : «*Des aménagements et exceptions sont toutefois prévus* [...] *afin de compenser les charges pesant sur les organismes participant à l'exercice d'activités d'intérêt général*» prête

---

3 Cette remarque générale ne doit bien entendu pas être confondue avec l'obligation de contracter à partir de 23000 euros de subvention publique. C'est de cette contrainte, résultant de la loi du 12 avril 2000, qu'est née toute la polémique sur la distinction entre subvention et prix d'un marché public, *cf.* ci-après.

4 L'arrêt du Conseil d'État du 6 avril 2007 (Ville d'Aix-en-Provence) distingue 4 hypothèses autorisant le versement de subventions sans mise en concurrence : 1. – Lorsque l'association a pris l'initiative du projet, exerce l'activité sous sa responsabilité, sans que la collectivité publique en détermine le contenu; 2. – Lorsque la personne publique, en raison de l'intérêt général qui s'attache à une activité initiée par une association, et au vu de l'importance qu'elle revêt à ses yeux, exerce un droit de regard sur son organisation et lui accorde le cas échéant des financements; 3. – Lorsque, compte tenu de la nature de l'activité et des conditions dans lesquelles elle s'exerce, l'association ne peut être regardée comme un opérateur intervenant sur un marché concurrentiel (soit l'opérateur n'est pas économique, soit il intervient dans un cadre non concurrentiel en raison de droits exclusifs ou spéciaux); 4. – Lorsque des personnes publiques créent, pour gérer un service, un organisme dont l'objet statutaire exclusif est de gérer ce service et sur lequel elles exercent un pouvoir de contrôle comparable à celui qu'elles exercent sur leurs propres services (exception *in house* entre pouvoirs adjudicateurs).

à confusion. En effet, quand on «participe à», ce n'est pas pareil que d'être «chargé de».

Mécaniquement, au moins en droit français, l'obligation de recourir au mandatement, même quand il n'y a pas d'obligations de service public précises, engendre le risque de faire entrer dans le champ des marchés publics les relations contractuelles nouées selon ces modalités avec les associations : en effet, le process aboutit à préciser les obligations de service public comme autant de prestations qui doivent être rendues en contrepartie de l'aide. Donc comme un achat de prestations qui, *de facto*, tombe dans le champ de la commande publique.

La subvention à une association n'est en effet une véritable compensation de service public que lorsqu'elle est une subvention d'équilibre (en ce sens soumise à la TVA, *cf.* encadré ci-dessous); elle se différencie d'un soutien de la puissance publique à une activité qui mobilise des ressources bénévoles et des dons : la subvention permet justement d'éviter de payer la prestation rendue à son coût réel.

En se référant à la cinquième condition de l'arrêt Altmark, il est possible aux collectivités publiques de démontrer qu'il est moins coûteux de contribuer en partie à une action associative qui ne demande pas de compenser la totalité de ses coûts (parce que si les militants ont vraiment envie de faire l'action, ils accroîtront le bénévolat), que d'acheter des prestations. À défaut, on élimine les petits opérateurs, justement ceux qui emploient le plus de bénévoles.

La distinction européenne entre les activités économiques à titre onéreux (avec contrepartie) et les autres illustre le danger de qualifier une subvention de compensation d'obligation de service public : le droit européen est théoriquement neutre vis-à-vis des types d'opérateurs, il ne vise que les activités réalisées. En ce qui concerne lesdites activités, seules les activités économiques intéressent le droit de l'Union européenne : celle-ci, née de la transformation successive de la Communauté économique européenne, devenue Communauté européenne, est en effet de nature économique. C'est le marché intérieur.

En matière fiscale, aux termes de la directive 2006/112/CE du Conseil du 28 novembre 2006 relative au système commun de taxe sur la valeur ajoutée, celle-ci ne vise pas les opérations qui ne sont pas effectuées à titre onéreux[5].

Une opération effectuée à titre onéreux repose sur l'existence d'une contrepartie, quels que soient sa nature ou son montant, même si généralement il s'agit d'une contrepartie monétaire. La jurisprudence européenne est venue préciser cette notion de contrepartie en introduisant une condition nouvelle quant à la qualification d'opérations à titre onéreux. En effet, depuis l'arrêt Apple de 1988 de la CJCE, il faut que, en plus de la contrepartie, existent

5 Article 2, 1. Sont soumises à la TVA les opérations suivantes : a) les livraisons de biens effectuées à titre onéreux sur le territoire d'un État membre par un assujetti agissant en tant que tel; b) les acquisitions intracommunautaires de biens effectuées à titre onéreux sur le territoire d'un État membre.

un lien direct entre le service et la contrepartie, ainsi qu'une certaine proportionnalité entre les deux.

Les dons et les subventions sont exclus du champ d'application de la TVA dès lors qu'ils ne présentent pas de lien direct avec une contrepartie économique. Si les sommes versées sont en fait la contrepartie d'une opération réalisée au profit de la partie versante, le terme de subvention est impropre, il s'agit du prix payé pour un service vendu, qui entre donc dans le champ d'application de la TVA. De même si les sommes versées complètent le prix d'une opération imposable[6].

LA NOTION DE « LIEN DIRECT »

L'arrêt CJUE C-151/13 du 27 mars 2014 relatif à l'assujettissement à la TVA du forfait soins versé par la Sécurité sociale à un EHPAD consacre le caractère essentiel du critère du lien direct entre la prestation de services effectuée et la contrepartie reçue, même si les prestations de soins rendues ne sont pas définies à l'avance ni individualisées et que la rémunération est versée sous forme de forfait.

Le Conseil d'État a introduit cette jurisprudence communautaire en droit interne par l'arrêt CODIAC du 6 juillet 1990 (RJF 8-9/90, n° 987, et dans l'instruction fiscale du 8 septembre 1994). La notion de « lien direct » implique ainsi un service individualisé rendu directement à la collectivité versante et une contrepartie individualisée et proportionnée au financement alloué. Ainsi, selon l'instruction du 8 septembre 1994 précitée : *« Si les sommes versées constituent en fait la contrepartie d'une opération réalisée au profit de la partie versante, le terme de subvention est alors impropre. Il s'agit en effet du prix payé pour un service rendu ou pour une vente. Cette opération entre dans le champ d'application de la TVA et la subvention est taxable sauf si l'opération bénéficie d'une exonération. »*

De même, selon cette instruction, lorsque le prix est fixé à un niveau très inférieur au prix du marché et dans des conditions telles qu'il traduirait en réalité une libéralité, le fournisseur ne peut être regardé comme exerçant une activité économique ou comme un opérateur économique. L'activité économique implique nécessairement un caractère onéreux, notion que l'on retrouve d'ailleurs dans le code des marchés publics et dans l'arrêt du Conseil d'État du 6 avril 2007, Ville d'Aix-en-Provence.

6 *Cf. Juris Associations* 470, 15 décembre 2012 ; « Subvention complément de prix, le juste prix » : *« La subvention doit être spécifiquement versée à l'organisme subventionné afin qu'il fournisse un bien et effectue un service déterminé. Elle doit donc être identifiable comme la contrepartie d'une opération taxable et non versée globalement pour couvrir les coûts de l'organisme subventionné (il ne suffit pas que son versement permette indirectement à cet organisme de pratiquer des prix moins élevés.)* [...] *Les acheteurs du bien ou les preneurs du service doivent tirer profit de la subvention octroyée au bénéficiaire. En effet, il est nécessaire que le prix à payer par l'acheteur ou le preneur soit fixé de telle façon qu'il diminue à proportion de la subvention accordée au vendeur, laquelle constitue alors un élément de détermination du prix exigé. Ainsi une subvention ne saurait être qualifiée de complément de prix dès lors qu'elle n'est pas calculée de manière à couvrir spécialement l'insuffisance de recettes résultant de la tarification, mais a pour objet de prendre en charge des coûts fixes et/ou variables. »* BOI, TVA-BASE-10-10-20121115, BOFIP, 15 novembre 2012.

Le fait que la collectivité publique souhaite voir un ensemble d'organisations remplir des fonctions d'intérêt général telles qu'elle le décrit dans un document

C'est le cas où la collectivité publique définit un service d'intérêt général. Le protocole n° 26 attaché au traité de Lisbonne rappelle *« le rôle essentiel et le large pouvoir discrétionnaire des autorités nationales, régionales et locales pour fournir, faire exécuter et organiser les services d'intérêt économique général d'une manière qui répondent autant que possible aux besoins des utilisateurs*[7] ». Même si la Commission dispose d'un pouvoir de contrôle de l'erreur manifeste d'appréciation, la règle européenne donne la liberté à la collectivité de définir le service d'intérêt général, dès lors qu'un certain nombre de règles sont respectées, notamment quant aux modalités de mandatement prévu pour les organismes qu'elle veut charger de la réalisation de ce type de services.

L'intégration des dispositions du traité protectrices des missions de service public aux pratiques de contractualisation des collectivités territoriales s'opère progressivement, secteur par secteur. Par exemple, le service public régional de la formation tout au long de la vie a été l'objet d'une adaptation sectorielle de la délibération type de mandat SIEG présentée par le collectif SSIG, lors de sa conférence du 2 février 2012, dans une convention-cadre du conseil régional de Franche-Comté qui établit explicitement son caractère de SIEG, y définit les missions particulières imparties, les obligations de service public qui en découlent ainsi que les modalités d'application des mécanismes de compensation, fonds structurels compris. Cette convention-cadre, qui a fait l'objet d'une publicité préalable adéquate (avis de pré-information), se décompose en autant de conventions d'application que de lots de SIEG de formation.

C'est surtout *via* la loi que les progrès seront les plus significatifs. Comme on l'a vu ci-dessus, la décision d'exemption de notification d'une aide d'État reste conditionnée à la qualification explicite de SIEG par une autorité publique, et à la formalisation d'actes officiels de mandat qui définissent notamment les obligations de service public, les paramètres de calcul de la compensation et l'absence de toute surcompensation susceptible de fausser la concurrence.

C'est pourquoi on a tout à gagner à prévoir dans la loi la définition du SIEG et les modalités de mandatement.

De façon sectorielle, des exemples peuvent nous inspirer.

Après le logement social qui a fait l'objet d'une qualification explicite de SIEG en 2000 dans la loi Solidarité et renouvellement urbains (SRU), la formation professionnelle des personnes éloignées de l'emploi devient le second domaine d'explicitation du caractère de SIEG établi par une loi nationale en matière de service social. Le décret de mandat SIEG par habilitation, quasi bouclé, vient compléter la loi sur la formation professionnelle et sa

7 Union européenne. *Protocoles*. Protocole n° 26 sur les services d'intérêt général. Journal officiel de l'Union européenne, C 115, 9 mai 2008, p. 308.

qualification explicite de SIEG. Le tout reprend clairement les dispositions du droit de l'Union européenne et contourne les marchés publics par droits spéciaux SIEG par habilitation par les régions.

Conformément à l'article L. 732-1 du code de l'éducation, les « *établissements d'enseignement supérieur privés à but non lucratif, concourant aux missions de service public de l'enseignement supérieur* [...] *peuvent être reconnus par l'État en tant qu'établissements d'enseignement supérieur privés d'intérêt général, par arrêté du ministre chargé de l'Enseignement supérieur, après avis du comité consultatif pour l'enseignement supérieur privé* ». Le décret du 18 juin 2014 le met en œuvre.

Il est dommage que ni la loi 2002-2 rénovant l'action sociale et médico-sociale ni la loi HPST de 2009 n'aient suivi une telle voie.

Il faut mieux travailler les conditions du mandatement, en simplifiant au maximum la tâche des collectivités locales, surtout les petites, et le travail des associations, surtout les petites. Le poids des procédures pousse à la concentration des acteurs associatifs, ce qui peut conduire à des tailles de prestataires de services *too big to fail* (trop gros pour faire faillite) ; cela finit toujours par coûter cher à l'État, et donc aux contribuables.

De façon plus globale, une loi pourrait, à l'instar des exemples des lois d'autres pays européens (reconnaissance d'un principe de subsidiarité horizontale en Italie), établir que l'État reconnaît et favorise l'initiative autonome des citoyens, individuels ou associés, et la constitution d'associations pour mettre en œuvre des activités d'intérêt général.

Cette reconnaissance pourrait par exemple permettre à des citoyens de réclamer un droit collectif à un service d'intérêt général sur la base de leurs droits individuels dans la Charte des droits fondamentaux. On peut citer l'exemple de Naples, où les citoyens ont pu faire reconnaître par la Cour constitutionnelle le droit à l'eau et, sur cette base, la communalisation du service de l'eau, qui avait été privatisé dans des conditions insatisfaisantes. Elle permettrait aussi de mieux assoir soit le financement associatif sous formes de subventions, soit la définition de SIEG.

■ La reconnaissance de la force et de la légitimité des initiatives citoyennes

La loi française pourrait s'inspirer de l'initiative citoyenne européenne (ICE) prévue par l'article 11 du traité de l'Union européenne, dont le paragraphe 4 indique que « *des citoyens de l'Union, au nombre de un million au moins, ressortissants d'un nombre significatif d'États membres, peuvent prendre l'initiative d'inviter la Commission européenne, dans le cadre de ses attributions, à soumettre une proposition appropriée sur des questions pour lesquelles ces citoyens considèrent qu'un acte juridique de l'Union est nécessaire aux fins de l'application des traités* ».

Le 17 février dernier, une première ICE a abouti pour faire reconnaître que l'eau est un droit humain universel et oblige la Commission à répondre.

La reconnaissance des services d'intérêt économique général qu'elles rendent

Il s'agit de trouver une voie d'ancrage légal des services d'intérêt général qui ne les enferme pas dans un corner comme à l'heure actuelle, mais qui tire le meilleur parti de la législation européenne.

La détermination d'une politique publique relative aux associations pourrait permettre de consacrer dans la loi la reconnaissance de certaines de leurs activités en tant que services d'intérêt économique général au sens du traité sur le fonctionnement de l'Union européenne. Cela permettrait de donner un cadre facilitant les conditions de leur mandatement. On pourrait exploiter la définition donnée des entreprises qui sont considérées comme «*recherchant une utilité sociale*» au sens de l'article 2 de la loi ESS, ou toute autre opportunité pour apporter un tel cadre et examiner les conditions dans lesquelles :
- les collectivités publiques définissent, organisent et financent le(s) service(s) d'intérêt économique rendu(s) par lesdites entreprises d'utilité sociale,
- l'autorité publique établit les missions particulières d'intérêt général imparties en fonction des besoins, ainsi que des obligations de service public qui en découlent;
- l'autorité publique charge ces entreprises de la gestion de ce service d'intérêt général au moyen d'un acte officiel de mandat opposable.

Le bénévolat en Europe

La devise européenne, «Unis dans la diversité», caractérise pertinemment le bénévolat en Europe. En effet, ce bénévolat prend des formes diversifiées selon les pays, mais il est aussi étonnamment homogène dans ses tendances et ses préoccupations.

À l'exception de la France et du Luxembourg, le vocable «volontariat» est utilisé pour nommer l'engagement gratuit et librement consenti pour mener une action en direction d'autrui en dehors du cadre familial. Ce choix sémantique prête souvent à confusion et à des amalgames avec des programmes de volontariat, tel le service civique en France. Or la quasi-totalité des «volontaires» européens sont en réalité des bénévoles au sens français du mot.

Cependant, l'interprétation des principes qui fondent le bénévolat se révèle à géométrie variable en fonction de la culture et du contexte social des différents pays, et cette diversité d'approche donne lieu à des divergences importantes qui nous étonnent souvent.

LA DIVERSITÉ

Trois éléments culturels semblent influencer les différentes approches vis-à-vis de l'engagement bénévole en Europe. En premier lieu, la tradition religieuse. Le protestantisme n'a pas seulement contribué à la construction du capitalisme, il a aussi favorisé l'intervention des citoyens dans la société pour promouvoir le changement, tandis que la tradition catholique pratiquait plutôt la charité, s'accommodant mieux du *statu quo*. C'est ainsi que, dans les pays de culture protestante, l'engagement bénévole structuré possède une longue tradition, tandis que dans les pays du sud de l'Europe ce mouvement est moins enraciné. La France prend une place intermédiaire, se situant au milieu de ces deux tendances.

Le rôle de l'État et les attentes des individus vis-à-vis de celui-ci, ainsi que la marge de manœuvre laissée à l'initiative de la société civile constituent un deuxième facteur d'influence pour l'engagement bénévole. Finalement, la conception de la famille modifie aussi l'étendue et la nature de cet engagement.

Voici quelques exemples à partir de la définition de l'engagement bénévole.

L'engagement librement consenti est un principe essentiel du bénévolat. Dans beaucoup de pays, notamment ceux de tradition protestante, cet engagement fait tellement partie de la fabrique même de la société qu'il devient une obligation quasi incontournable pour les jeunes, tant à l'école qu'au lycée et à l'université, s'ils souhaitent obtenir une reconnaissance sociale. L'engagement devient une activité qui va de soi, comme le sport, et ouvre souvent droit à des unités de valeur.

De même, certains pays de l'Europe de l'Est, comme la Hongrie, où l'ancien régime ne favorisait pas le développement d'un engagement volontaire, essaient de sensibiliser la jeunesse à l'altruisme et au développement de l'initiative civile en introduisant le bénévolat associatif dans le cursus à l'école, le rendant ainsi obligatoire. La perception de ce bénévolat obligatoire des écoliers est plutôt positive et n'est pas associée aux travaux obligatoires de l'époque du communisme.

La frontière entre la gratuité de l'engagement et sa reconnaissance est également perméable selon la tradition culturelle de chaque pays. Ainsi, en Allemagne, l'engagement bénévole régulier peut être récompensé par des bénéfices indirects, comme l'accès gratuit à des événements culturels et sportifs, à certains services de la ville, etc. D'autres n'hésitent pas à envisager la création de passeports bénévoles ouvrant droit à des bénéfices et des réductions d'achat du type carte de crédit.

La conception de la famille a également une incidence sur la pratique du bénévolat. Dans les pays d'Europe du Sud, notamment dans des régions rurales, où la famille est comprise de manière très élargie le bénévolat associatif est quasi inexistant tandis que le bénévolat informel et l'entraide entre personnes ayant un lien de parenté, même très éloigné, fleurissent. Cela contraste avec la situation au Danemark, où la notion de famille est réduite au noyau familial le plus restreint, à tel point qu'une aide apportée aux grands-parents est considérée comme du bénévolat.

Le consensus social sur le rôle de l'État est aussi déterminant dans la pratique du bénévolat. Ainsi, au Royaume-Uni, où ce rôle est moins prépondérant qu'en France, le bénévolat peut s'exercer aussi dans des structures gouvernementales, ou dans des structures gérées par les collectivités locales telles qu'hôpitaux, écoles publiques, bibliothèques... Les Norvégiens sont aussi très ouverts au bénévolat dans le secteur public.

Cependant il faut relativiser cet état de choses : une enquête en Écosse menée en 2012, c'est-à-dire deux ans après l'introduction de l'idée de la *Big Society* (une participation plus active des citoyens à la vie publique, en lieu et place de l'administration centrale), montre que les bénévoles s'investissaient essentiellement dans le secteur associatif (81 %). Seulement 15 % étaient engagés dans le secteur public.

De plus, cet investissement est bien encadré : au Royaume-Uni, une charte signée entre Le Mouvement associatif et l'organisation centrale des syndicats de travailleurs TUC régule la coopération entre salariés et bénévoles et pose les limites à ne pas dépasser. http://www.tuc.org.uk/public-sector/workplace-issues/volunteering/charter-strengthening-relations-between-paid-staff-and

Finalement, la frontière entre bénévolat associatif et bénévolat tout court est beaucoup plus poreuse en Europe qu'en France. Ainsi, en Suède, les militants syndicaux sont comptabilisés comme bénévoles avec les autres personnes engagées dans le secteur de l'économie sociale. Même situation en Italie, où les statuts juridiques des organisations du « tiers-secteur » sont recoupés de manière différente et offrent ainsi une palette plus large pour l'engagement bénévole, qui peut s'exercer aussi bien dans des structures coopératives qu'associatives. Il est à signaler qu'en Italie les syndicats de travailleurs ont été souvent à l'origine de la création des associations pour répondre aux besoins sociaux et, par conséquent, il existe une plus grande perméabilité entre les mouvements syndicaux et associatifs.

TENDANCES GÉNÉRALES CONVERGENTES

Malgré ces différences, les tendances générales du bénévolat et les préoccupations des associations qui s'occupent des bénévoles sont étonnamment homogènes.

On ne peut pas s'appuyer sur des statistiques européennes pour prouver cette convergence, car la dernière enquête Eurobaromètre date de 2007. En revanche, des enquêtes nationales plus récentes, des études et des échanges au cours des conférences confirment un certain nombre d'évolutions communes.

Tout d'abord, le bénévolat augmente partout en Europe.

Ainsi au Royaume-Uni, l'enquête *Community Life* de 2012-2013 montre que le niveau du bénévolat est élevé et continue à augmenter : 44 % des adultes sont engagés formellement au moins une fois par an, 29 % au moins une fois par mois, ce qui est un progrès par rapport à 2010-2011, où ces chiffres étaient de 39 % et de 25 % respectivement. Volunteering England, qui publie ces résultats, remarque cependant que, sur la décennie, le pourcentage de bénévoles a été remarquablement stable, allant de 39 % au plus bas à 44 % au plus haut de la courbe.

Une tendance à l'augmentation de l'engagement est constatée aussi dans le reste de l'Europe, plus spectaculairement dans les pays de l'Europe de l'Est où la société civile a dû se reconstruire complètement. Elle est à l'heure actuelle très vivace en Roumanie : en 2010, elle comptait 62680 entités sans but lucratif, dont 90 % faisaient appel à des bénévoles, tandis que 68 % d'entre elles étaient exclusivement animées par des bénévoles. Des tendances similaires sont à observer dans les Balkans et les Républiques baltes.

Dans ces derniers, la capacité de mobilisation des bénévoles pour un projet précis se révèle particulièrement forte : en Estonie, un petit groupe a lancé en 2007 le projet *Let's do it Estonia* (ramassage d'ordures dans les forêts et les espaces publics). Un an après, en mai 2008, avec l'aide de 50000 bénévoles (4 % de la population), le pays a été nettoyé en une seule journée.

Cet exemple est symptomatique aussi du changement dans la manière de s'engager. Les bénévoles, et plus particulièrement les jeunes, s'engagent plus épisodiquement, dans des actions qui donnent des résultats tangibles. Cela place la gestion des bénévoles, leur fidélisation, leur reconnaissance et leur intégration dans le projet associatif au cœur des préoccupations des organisations faisant appel à leur engagement.

On trouve d'autres tendances communes : il existe toujours une forte corrélation entre le niveau d'éducation, l'activité professionnelle et le bénévolat. Plus on a suivi des études, plus on a une bonne position salariale, plus on donne de son temps bénévolement.

Il existe une convergence également en ce qui concerne la répartition géographique du bénévolat : il est plus intense dans les zones rurales, dans les petites et moyennes villes que dans les grandes agglomérations.

La même tendance est à observer partout pour la gouvernance des associations traditionnelles : pénurie dans le recrutement des bénévoles à la gouvernance, participation faible des femmes et des jeunes dans les instances dirigeantes des organisations. Ce phénomène ne touche pas les associations fondées et gérées par des jeunes eux-mêmes.

Le bénévole européen est un homme, à cause du grand nombre de bénévoles dans le secteur sportif; les femmes sont plus nombreuses dans les secteurs social et de la culture.

La crise de 2008 a affecté toutes les organisations à but non lucratif en Europe et les a obligées à rechercher des nouveaux modèles économiques. On observe partout un intérêt accru pour la coopération avec les entreprises et une mutualisation des ressources. La demande de bénévoles professionnalisés et très pointus s'est aussi généralisée.

L'HÉRITAGE DE L'ANNÉE EUROPÉENNE DU BÉNÉVOLAT ET DU VOLONTARIAT

Trente-neuf grands réseaux associatifs se sont rassemblés en 2011 sous le nom d'Alliance EYV-2011 pour célébrer l'Année européenne du volontariat et du bénévolat en travaillant ensemble sur sept thématiques essentielles pour la promotion du bénévolat en Europe.

Les résultats de ces travaux interassociatifs et transnationaux ont été publiés dans le document *Policy Agenda on Volunteering in Europe PAVE*, traduit en France par *Livre blanc sur le bénévolat en Europe.*

Les participants à l'année européenne de 2011 se sont donnés pour mission de travailler à la mise en œuvre des recommandations du PAVE.

Trois réseaux européens sont particulièrement actifs dans ce sens.

Six membres de l'Alliance EYV-2011 se sont regroupés dans l'organisation European Alliance for Volunteering (EAV), basée à Bruxelles, qui promeut la mise en œuvre des recommandations du PAVE et entreprend une veille des politiques européennes ayant une incidence sur le bénévolat.

http://www.volunteering-alliance.eu/

Adossé à une grande association d'action sociale et des centres de bénévolat britannique Community Service Volunteers (CSV), Volonteurope favorise le bénévolat et la citoyenneté active auprès des instances de l'Union européenne et du Conseil de l'Europe. Il organise des séminaires et des conférences avec les autres réseaux membres de l'EAV, mène un plaidoyer auprès du Parlement européen pour la mise en place d'un intergroupe parlementaire sur le bénévolat et l'action citoyenne. Il décerne annuellement le Prix pour la citoyenneté active.

http://www.volonteurope.eu/

Basé à Bruxelles le European Volunteer Centre (CEV) est un réseau de centres du bénévolat. À part l'organisation de conférences, de stages et d'actions de plaidoyer, il a lancé trois initiatives pour faire avancer les thématiques du PAVE :
- lancement d'un projet pour mesurer le bénévolat European Volunteer Measurement Project (EVMP), en collaboration avec le centre du volontariat du Lazio (SPES) et le centre d'études de la société civile de l'université John-Hopkins. Un avis d'initiative du Conseil économique et social européen, *Outils statistiques pour mesurer le volontariat*, adopté en 2013, reprend les éléments essentiels de ce projet;
- lancement du label «Capitale européenne du bénévolat», le gagnant étant la ville qui propose un environnement favorable au développement du bénévolat et à la mise en œuvre des recommandations du PAVE. En 2014, quatre villes se trouvaient en lice, dont Rennes qui a failli emporter le titre mais a dû s'incliner devant Barcelone. Pour l'édition 2015, les jurés devront choisir entre Lisbonne, Bâle et Naples;
- création du réseau Employee Volunteering European Network (EVEN), réunissant entreprises et centres de bénévolat afin de promouvoir une meilleure coopération et connaissance mutuelle.

http://www.cev.be/

Chapitre 7
Les derniers rapports parlementaires sur les associations

Depuis 2012, plusieurs avis ou rapports parlementaires sur les associations ont été publiés.

Ainsi, en octobre 2012, le député Malek Boutih publiait un avis dans le cadre de son rapport sur les crédits de la mission «Sport, jeunesse et vie associative». Il mettait en exergue quelques difficultés et formulait un certain nombre de propositions, soulignant la nécessité de soutenir les associations qui constituent un enjeu républicain.

En 2014, deux rapports importants ont été publiés. Dans chacun, le Haut Conseil à la vie associative a été auditionné, ce qui lui a permis d'exposer son analyse de la situation générale des associations et de présenter ses propositions.

Le premier rapport[1] a été réalisé par le député Yves Blein, à la suite de la mission confiée par la ministre chargée de la Vie associative, afin de présenter des simplifications pour les associations. Il propose une cinquantaine de mesures à mettre en œuvre. Ces propositions s'articulent autour de ce que le député appelle *«le parcours de vie des associations»,* de leur création à leur dissolution. Il insiste sur la nécessité de simplifier les démarches pour les dossiers de demande de subventions et, surtout, de proportionner les exigences au montant de l'aide accordée. Il précise que ces simplifications ne doivent pas être l'œuvre seulement de l'État, mais également des collectivités territoriales. Si le député souligne l'intérêt des structures d'accompagnement, il demande néanmoins qu'une certaine cohérence anime ces lieux d'accueil et de conseil, afin que les associations puissent y trouver ce qu'elles cherchent et ne se sentent pas démunies devant une offre trop dispersée.

Les associations les plus fragilisées sont celles de taille petite et moyenne, notamment celles qui deviennent employeurs et pour qui cette étape représente une source de complexité administrative nécessitant un accompagnement.

Enfin, Yves Blein note également la difficulté pour les associations de trouver des dirigeants bénévoles, compte tenu de la complexité de l'environnement administratif et des responsabilités qui leur incombent. Aussi, il propose de développer la formation des bénévoles afin qu'ils soient mieux aidés dans leur parcours, et de mettre en œuvre un véritable congé d'engagement pour permettre au plus grand nombre de s'investir dans ces missions de dirigeants bénévoles.

Quelques semaines après, le rapport de la commission d'enquête de l'Assemblée nationale présidée par Alain Bocquet, concernant les difficultés des

1 Voir synthèse en annexe 8.

associations[2] était remis au président de l'Assemblée nationale. Ce rapport reprend les éléments sur le poids des associations dans leur large diversité, touchant toutes les activités sociales, de la culture au sport, de la gestion d'établissements à l'organisation de fêtes de village... Les travaux, qui ont duré six mois, ont permis de procéder à de nombreuses auditions, de représentants aussi bien d'associations de divers secteurs que d'administrations variées. Ainsi la commission a pu acquérir une vision assez complète des associations et de leur situation.

Comme pour les travaux d'Yves Blein, la commission a mis en exergue les difficultés dues aux réductions budgétaires publiques et à l'accroissement du financement par appel d'offres fragilisant les petites et moyennes associations et ne leur permettant pas de mettre en avant leur capacité d'initiative et d'innovation.

Le rapport insiste aussi sur les conséquences que pourraient avoir la réforme territoriale et la suppression de la clause de compétence générale, d'autant plus que les collectivités territoriales sont des financeurs incontournables des associations, particulièrement des petites et moyennes.

Ses propositions rejoignent pour partie celles formulées par Yves Blein. La commission appelle aussi à faire entrer dans la réalité quotidienne les principes et les objectifs de la Charte des engagements réciproques.

Le rôle des bénévoles a également été souligné et le rapport a soutenu le principe d'un congé d'engagement, la valorisation des acquis de l'expérience bénévole et l'éducation à l'engagement associatif des enfants et des jeunes dans le cadre scolaire.

Le président de la commission conclut ainsi la présentation de son rapport : *« La vie associative reste une composante incontournable et essentielle de la vie démocratique française, une condition décisive de l'enrichissement permanent du vivre ensemble et de notre citoyenneté. »*

2 Voir avant-propos en annexe 9.

ANNEXES

ANNEXE 1
Décret n° 2011-773 du 28 juin 2011 relatif au Haut Conseil à la vie associative

Le Premier ministre,

Sur le rapport du ministre de l'Éducation nationale, de la Jeunesse et de la Vie associative,

Vu le décret n° 2006-672 du 8 juin 2006 relatif à la création, à la composition et au fonctionnement de commissions administratives à caractère consultatif;

Vu le décret n° 2006-781 du 3 juillet 2006 fixant les conditions et les modalités de règlement des frais occasionnés par les déplacements temporaires des personnels civils de l'État,

Décrète :

Article 1er

Il est créé auprès du Premier ministre un Haut Conseil à la vie associative.

Article 2

Le Haut Conseil à la vie associative est saisi des projets de lois et de décrets comportant des dispositions spécifiques relatives au financement, au fonctionnement ou à l'organisation de l'ensemble des associations.

Le Haut Conseil a également pour missions :
- de proposer toutes mesures utiles au développement de la vie associative;
- de formuler des recommandations en vue d'améliorer la connaissance des réalités du secteur associatif;
- de recueillir et mettre à disposition les données territoriales, qualitatives et quantitatives, existant sur le secteur associatif;
- d'établir tous les deux ans un bilan de la vie associative.

Il peut également se saisir de toute question relative aux associations, quel que soit leur secteur d'activité.

Article 3

Le Haut Conseil à la vie associative peut être saisi par au moins cent associations couvrant au moins trois régions et ayant un objet statutaire comparable sur toute question intéressant l'ensemble des associations.

Article 4

Le Haut Conseil à la vie associative est présidé par le Premier ministre ou son représentant.

Outre son président, il comprend :

1° Vingt-cinq membres ayant une expérience avérée dans une ou plusieurs associations, à titre bénévole ou salarié, dans les domaines dont la liste est fixée par arrêté du ministre chargé de la vie associative. Ces membres sont nommés pour une durée de cinq ans par arrêté du Premier ministre, sur proposition du ministre chargé de la vie associative ;

2° Cinq personnalités qualifiées en raison de leurs compétences respectivement en matière de droit, de fiscalité, d'économie et de gestion, de sociologie et de ressources humaines, nommées pour une durée de cinq ans par arrêté du Premier ministre, sur proposition du ministre chargé de la vie associative, sans considération de leur éventuelle activité associative ;

3° Un représentant des ministres chargés respectivement de la jeunesse et de la vie associative, du budget, de la cohésion sociale, de la culture, de l'économie, de l'éducation nationale, de l'environnement, de l'intérieur, de la justice, de la santé, des sports et de la ville ;

4° Trois représentants des collectivités territoriales, désignés respectivement par l'Association des régions de France, l'Association des départements de France et l'Association des maires de France ;

5° Un député et un sénateur.

Les membres nommés au titre des 1°, 2° et 5° ont voix délibérative. Les autres membres ont voix consultative.

Les membres nommés au titre des 1° et 2° ne peuvent siéger plus de dix ans consécutivement.

Article 5

Le Haut Conseil à la vie associative se réunit au moins deux fois par an en séance plénière.

Article 6

Il est institué un bureau comprenant six membres désignés en son sein par le Haut Conseil, dont quatre parmi ceux nommés au titre du 1° de l'article 4, un parmi ceux nommés au titre du 2° du même article et un parmi ceux nommés au titre du 4° du même article.

Le bureau est présidé par le ministre chargé de la vie associative ou son représentant. Les membres du bureau désignent en son sein un vice-président parmi les membres nommés au titre du 1° de l'article 4.

Le bureau a compétence pour connaître de toute question relevant des missions du Haut Conseil. Il examine la recevabilité des saisines prévues à l'article 3.

Il se réunit à l'initiative de son président ou à la demande d'au moins trois de ses autres membres. Le président du bureau convie aux séances les représentants des ministres mentionnés au 3° de l'article 4 concernés par les sujets inscrits à l'ordre du jour.

Article 7

Le mandat des membres du Haut Conseil est exercé à titre gratuit. Les frais de déplacement et de séjour engagés pour participer aux séances de travail peuvent être remboursés dans les mêmes conditions que le règlement des frais occasionnés par les déplacements temporaires des personnels civils de l'État.

Article 8

Les modalités de fonctionnement du Haut Conseil sont régies par les articles 3 à 15 du décret du 8 juin 2006 susvisé.

Article 9

Le premier alinéa de l'article 2 s'applique aux projets de textes adoptés à compter du premier jour du troisième mois suivant celui de l'installation du Haut Conseil.

Article 10

Le décret n° 2003-1100 du 20 novembre 2003 relatif au Conseil national de la vie associative est abrogé.

Article 11

La ministre de l'Écologie, du Développement durable, des Transports et du Logement, le garde des Sceaux, ministre de la Justice et des Libertés, le ministre de l'Intérieur, de l'Outre-mer, des Collectivités territoriales et de l'Immigration, la ministre de l'Économie, des Finances et de l'Industrie, le ministre du Travail, de l'Emploi et de la Santé, le ministre de l'Éducation nationale, de la Jeunesse et de la Vie associative, le ministre du Budget, des Comptes publics, de la Fonction publique et de la Réforme de l'État, porte-parole du Gouvernement, le ministre de la Culture et de la Communication, la ministre des Solidarités et de la Cohésion sociale, le ministre de la Ville, la ministre des Sports et la secrétaire d'État auprès du ministre de l'Éducation nationale, de la Jeunesse et de la Vie associative, chargée de la Jeunesse et de la Vie associative, sont chargés, chacun en ce qui le concerne, de l'exécution du présent décret, qui sera publié au *Journal officiel de la République française*.

Fait le 28 juin 2011.

François Fillon

Par le Premier ministre :

Le ministre de l'Éducation nationale, de la Jeunesse et de la Vie associative,
Luc Chatel

La ministre de l'Écologie, du Développement durable, des Transports et du Logement,
Nathalie Kosciusko-Morizet

Le garde des Sceaux, ministre de la Justice et des Libertés,
Michel Mercier

Le ministre de l'Intérieur, de l'Outre-mer, des Collectivités territoriales et de l'Immigration,
Claude Guéant

La ministre de l'Économie, des Finances et de l'Industrie,
Christine Lagarde

Le ministre du Travail, de l'Emploi et de la Santé,
Xavier Bertrand

Le ministre du Budget, des Comptes publics, de la Fonction publique et de la Réforme de l'État, porte-parole du Gouvernement,
François Baroin

La ministre des Solidarités et de la Cohésion sociale,
Roselyne Bachelot-Narquin

Le ministre de la Ville,
Maurice Leroy

La ministre des Sports,
Chantal Jouanno

La secrétaire d'État auprès du ministre de l'Éducation nationale, de la Jeunesse et de la Vie associative, chargée de la Jeunesse et de la Vie associative,
Jeannette Bougrab

ANNEXE 2
Liste des membres du HCVA

ALIX Nicole

ANTOINE Myriam

BECK Hélène

BERTRAND Patrick

BOTTALICO Joëlle *vice-présidente*

DAHER Valérie

DUFOUR Gwënaelle *bureau*

DUTHEIL Philippe-Henri *bureau*

FROMAGEAU Françoise

GAVERIAUX Viencent

GEROME Fanny

GUILLOIS Thierry *bureau*

JAPPERT Julian

MADER Reine-Claude

MARADEIX Marie-Stéphane

DE LA MARTINIÈRE Gérard

MENANTEAU Bénédicte

MOUROT Arnaud

ODDOU Philippe

ORRU Serge

PIERNE Line

QUET Véronique

RIVARD Nicolas

DE TAPOL Michel

VERMOT-DESROCHES Gilles

Personnalités qualifiées

AURIOL Emmanuelle

CLAVAGNIER Brigitte

LEMAISTRE Dominique

LEVRARD Alain *bureau*

N...

Collectivités territoriales

N...

ACKERMANN Yves *conseil général du Territoire de Belfort*

N...

Parlementaires

BOUTIH Malek *député*

MAGNER Jacques-Bernard *sénateur*

ANNEXE 3
Liste des avis et des rapports adoptés par le HCVA

Avis sur le projet d'instruction fiscale ayant trait à la territorialité du mécénat, juillet 2012.

Avis sur le régime fiscal des fusions, scissions, apports partiels d'actifs entre associations et organismes assimilés, octobre 2012.

Avis sur le congé d'engagement, novembre 2012.

Avis sur le paquet Almunia, novembre 2012.

Rapport intermédiaire sur le financement privé des associations, mars 2013.

Avis sur le projet de loi Économie sociale et solidaire, juin 2013.

Avis relatif au projet de décret modifiant les modalités d'attribution de la Médaille de la jeunesse et des sports, octobre 2013.

Avis sur la validation des acquis de l'expérience bénévole associative, novembre 2013.

Document d'orientation sur le socle commun du bénévolat, mars 2014.

Avis définitif sur le financement privé du secteur associatif, mars 2014.

Avis sur le projet d'ordonnance de transposition de la partie législative de la directive Marchés publics, janvier 2015.

Pour en savoir plus : http://www.associations.gouv.fr/237-le-haut-conseil-a-la-vie.html

ANNEXE 4

CHARTE

D'ENGAGEMENTS RÉCIPROQUES

ENTRE L'ÉTAT, LE MOUVEMENT ASSOCIATIF ET LES COLLECTIVITÉS TERRITORIALES

SIGNÉE PAR

LE PREMIER MINISTRE,

LA PRÉSIDENTE DU MOUVEMENT ASSOCIATIF,

LE PRÉSIDENT DE L'ASSOCIATION DES MAIRES DE FRANCE (AMF),

LE PRÉSIDENT DE L'ASSEMBLÉE DES DÉPARTEMENTS DE FRANCE (ADF),

LE PRÉSIDENT DE L'ASSOCIATION DES RÉGIONS DE FRANCE (ARF),

LE PRÉSIDENT DE L'ASSOCIATION DES MAIRES DES GRANDES VILLES DE FRANCE (AMGVF),

LA PRÉSIDENTE DU RÉSEAU DES COLLECTIVITÉS TERRITORIALES POUR UNE ÉCONOMIE SOLIDAIRE (RTES),

– I – PRÉAMBULE

Les Signataires de cette charte s'engagent, sous le regard des citoyens, dans une démarche partenariale visant à mieux reconnaître la vie associative dans notre pays et à intensifier leur coopération au service de l'intérêt général. L'État, Le Mouvement associatif expression reconnue du mouvement associatif, rejoints par les représentants des collectivités territoriales, renouvellent et approfondissent ainsi la charte signée lors du centenaire de la loi de 1901. Collectivités territoriales et associations sont en effet aujourd'hui des partenaires essentiels sur les territoires.

Cet acte solennel, fondé sur les valeurs de liberté, d'égalité et de fraternité, renforce des relations tripartites, basées sur la confiance réciproque, le respect de l'indépendance des associations et la libre administration des collectivités territoriales. Il contribue à l'élaboration progressive d'une éthique partenariale, rendue nécessaire par l'évolution des politiques publiques, nationales et territoriales, et du cadre réglementaire français et européen.

À l'échelon local ou à celui de l'Europe, les associations sont des vecteurs de solidarité entre les peuples et entre les individus, elles travaillent à abolir les clivages et les inégalités. Les associations, dans un contexte de forte évolution des besoins sociaux, jouent un rôle majeur d'alerte et d'interpellation des pouvoirs publics, mais aussi d'expérimentations innovantes et de gestion de services d'intérêt général. Légitimé par les engagements libres et volontaires qu'il suscite, le mouvement associatif jouit d'un fort niveau de confiance de nos concitoyens, confiance essentielle à la vie démocratique et à la cohésion sociale.

La puissance publique, assumée par l'État et les collectivités territoriales, garante de l'intérêt général, écoute les associations et dialogue avec elles, contribue au financement de leurs projets et leur confie la gestion de certains services, dans le cadre des politiques publiques qu'elle conduit. L'optimisation de la dépense publique l'incite à rechercher des partenariats qui assurent la meilleure utilisation de l'argent des contribuables, la proximité avec les citoyens et usagers, la lisibilité des responsabilités.

Pour l'avenir, les règles de partenariat inscrites dans cette charte constitueront des principes d'action partagés entre les trois parties. Leur mise en œuvre entraînera des effets concrets et mesurables et permettra :
– d'approfondir la vie démocratique et le dialogue civil et social, en vue d'une participation libre, active et accrue des femmes et des hommes aux projets associatifs et aux politiques publiques dans des démarches co-construites ;
– de concourir, dans un but autre que le partage de bénéfices, à la création de richesses sociales, culturelles et économiques inscrites dans la proximité des territoires, au développement d'une économie sociale et solidaire, à l'élaboration d'un modèle de développement durable et équitable.

La charte ouvre le champ aux déclinaisons de ces engagements aux plans sectoriel et territorial. Une attention particulière est portée à sa mise en œuvre et à son évaluation. Les signataires s'engagent à tout faire pour atteindre les objectifs fixés et les promouvoir aux différents échelons territoriaux.

– II – PRINCIPES PARTAGÉS

L'État, et les collectivités territoriales, garants de l'intérêt général chacun à leur niveau et responsables de la conduite des politiques publiques, fondent leur légitimité sur la démocratie représentative.

Les associations apportent en toute indépendance leur contribution à l'intérêt général par leur caractère reconnu d'utilité civique et sociale. Elles fondent leur légitimité sur la participation libre, active et bénévole des citoyens à un projet commun, sur leur capacité à défendre des droits, à révéler les aspirations et les besoins de ceux qui vivent dans notre pays et à y apporter des réponses.

L'État et les collectivités territoriales considèrent la diversité du monde associatif comme une richesse indissociable de la variété des tailles, des champs d'intervention et des couvertures territoriales des structures qui la composent. Ils reconnaissent l'indépendance associative et font respecter ce principe.

2.1. Confiance et relations partenariales, facteurs de renforcement démocratique

Les relations partenariales se construisent par l'écoute, le dialogue, et par le respect des engagements, des rôles et des fonctions de chacun. Les signataires décident de développer et d'organiser leurs complémentarités à travers des partenariats fondés sur une définition des engagements pris et des soutiens publics accordés, comme du suivi de ceux-ci. Les signataires définissent, d'un commun accord, les lieux et les moments de cette concertation.

L'État et les collectivités territoriales reconnaissent aux associations une fonction d'interpellation indispensable au fonctionnement de la démocratie.

La confiance et la complémentarité des actions entre l'État, les collectivités territoriales et les associations permettent de nouvelles formes de vie démocratique et une plus grande pertinence des politiques publiques.

2.2. Fondation des relations sur la convention, la durée, la transparence et l'évaluation

Les signataires privilégient les relations fondées sur des conventions d'objectifs, la conduite de projets dans la durée, la transparence des engagements pris et l'évaluation des contributions à l'intérêt général au regard des moyens mobilisés.

2.3. Bénévolat, volontariat et démocratie, fondements de la vie associative

Les signataires reconnaissent l'engagement libre et volontaire comme moteur de la vie associative. Ils conviennent de tout mettre en œuvre pour le faciliter, l'encourager, le reconnaître dans sa contribution à la société, au lien social et au développement du territoire.

Les signataires s'engagent conjointement :
– à promouvoir le respect des principes de non-discrimination des personnes dans l'engagement associatif;

– à favoriser des formes d'implication collectives ; à permettre à tous d'exercer leur citoyenneté ;
– à favoriser la complémentarité des ressources humaines ;
– à promouvoir l'égale participation des femmes et des hommes à la gouvernance, l'équilibre entre les générations, entre les milieux socioculturels, dans l'exercice des responsabilités.

Les signataires encouragent la promotion de l'expérience associative au sein de notre société et la valorisation des acquis des bénévoles, des salariés et de tous les acteurs des associations.

Dans cette perspective, il incombe aux instances associatives de veiller au respect du caractère démocratique de leur fonctionnement. Il revient à l'État et aux collectivités territoriales de veiller au respect de la valeur constitutionnelle de la liberté associative et des obligations légales auxquelles les associations sont soumises.

2.4. Contribution des associations au développement économique, social, culturel, citoyen et durable

Par leur nombre, les associations représentent une part importante de l'économie sociale et solidaire. Elles sont créatrices de richesses matérielles et immatérielles sur les territoires. Leur mode d'entreprendre s'appuie sur des principes non lucratifs et désintéressés. Elles ont un rôle essentiel d'expérimentation, d'identification, d'analyse et de portage des demandes sociales. Les associations font vivre la culture et les cultures, elles contribuent en ce sens au vivre ensemble.

L'extension du rôle économique des associations – notamment au regard de l'emploi, en tant qu'employeur – est compatible avec la loi du 1er juillet 1901. Elle impose aux associations le respect des législations qui s'appliquent à elles dans le cadre de leurs activités, notamment pour ce qui concerne le droit social et la fiscalité.

– III – ENGAGEMENTS DE L'ÉTAT ET DES COLLECTIVITÉS TERRITORIALES

Respectant l'indépendance des associations, en particulier leur fonction d'interpellation et la libre conduite de leurs projets, et considérant les associations comme des partenaires à part entière des politiques publiques, l'État et les collectivités territoriales s'engagent à :

3.1. Promouvoir et faciliter l'engagement bénévole civique et social de tous, sans distinction d'âge, de sexe ou d'origine sociale, par des mesures visant à favoriser :
– le développement, à côté du temps professionnel et familial, d'un temps civique et social choisi ;
– la formation des bénévoles ;
– la reconnaissance des compétences acquises dans la vie associative ;
– la reconnaissance de l'engagement associatif et du rôle particulier des dirigeants ;
– la rencontre entre la volonté d'engagement des individus et le besoin de bénévoles de la part des associations, notamment au plan territorial.

3.2. **Favoriser dans la durée des soutiens publics** aux associations concourant à l'intérêt général afin de leur permettre de conduire au mieux leur projet associatif; privilégier, la subvention et simplifier les procédures.

3.3. **Développer une politique publique** d'attribution des subventions dont les critères de sélection, les modalités d'attribution et de mise en œuvre sont transparents et concertés avec les acteurs concernés.

3.4. **Dans le respect des compétences** de chaque niveau de collectivités, favoriser une politique globale de l'emploi associatif structurée et de qualité, permettant le développement des projets d'intérêt général portés par ce secteur.

Y intégrer les notions :
– de complémentarité entre bénévoles et salariés;
– de formation et de qualification;
– d'insertion des publics en difficulté;
– de pérennité des emplois;
– d'accès de toutes les organisations employeurs représentatives du monde associatif aux négociations avec les pouvoirs publics.

3.5. **Prendre en compte les spécificités associatives** dans la conception et la mise en œuvre de politiques en faveur des acteurs économiques

3.6. **Organiser, autant qu'il est possible et souhaitable, la concertation** avec les associations et les regroupements organisés sur les projets de textes ou les mesures ou les décisions publiques qui les concernent, aux plans national, déconcentré et territorial.

Veiller à ce que les interlocuteurs associatifs disposent du temps et des moyens nécessaires pour leur permettre de rendre des avis circonstanciés.

Favoriser la représentation des associations dans les instances consultatives et les organismes de concertation en fonction des compétences et de la représentativité de celles-ci aux niveaux national et local (CESE, CESER, conseils de développement, conseils consultatifs).

3.7. **Distinguer clairement dans les rapports entre l'État,** les collectivités territoriales et les associations ce qui relève de l'évaluation des actions partenariales de ce qui relève du contrôle de l'application des lois et règlements.

3.8. **Sensibiliser et former les agents publics** de l'État et des collectivités territoriales à une meilleure connaissance de la vie associative, à des approches partenariales des relations avec les associations et à l'évaluation des politiques conduites et des conventions passées avec elles.

3.9. **Être attentif au niveau de l'État,** d'une part et au niveau des collectivités territoriales d'autre part, à ce que les dimensions intersectorielles et interterritoriales de la politique associative soient visibles et cohérentes

Organiser les relations avec les associations et leurs regroupements dans le cadre des projets territoriaux de l'État et des collectivités territoriales, en s'appuyant sur des interlocuteurs identifiés et des modes de concertation appropriés.

3.10. Soutenir, dans le respect des compétences de chaque niveau de collectivités, les regroupements associatifs et notamment les unions et fédérations d'associations comme lieux de concertation, de mutualisation, d'expertise et de représentation. Les impliquer dans la conception, la mise en œuvre et l'évaluation de politiques de soutien à la vie associative.

3.11. Promouvoir les valeurs et les principes de la loi de 1901 dans les instances européennes, faciliter les articulations entre les programmes communautaires et les projets associatifs, faciliter la représentation et la participation des associations françaises au sein des instances européennes et internationales.

3.12 Favoriser, dans le respect de la souveraineté des États, le développement de la vie associative et son libre exercice dans tous les pays, notamment dans le cadre de l'aide publique au développement; encourager la solidarité internationale, chacun dans son domaine de compétence, par des projets conjoints des acteurs de la société civile française et des acteurs non gouvernementaux d'autres pays en faveur de leurs populations.

– IV – ENGAGEMENTS DE L'ÉTAT

Respectant l'indépendance des associations, en particulier leur fonction critique et la libre conduite de leurs projets, et considérant les associations comme des partenaires à part entière des politiques publiques, l'État s'engage à :

4.1. Donner cohérence et visibilité à la politique associative en l'inscrivant dans une dimension interministérielle, au niveau de l'administration centrale par le développement du rôle des correspondants associations dans chaque ministère d'une part, et au niveau des services déconcentrés par le renforcement du rôle des délégués départementaux à la vie associative d'autre part.

Prendre en compte la présente charte dans la conception, la mise en œuvre et la gouvernance des politiques sectorielles touchant les champs d'intervention du monde associatif.

4.2. Favoriser la convention pluriannuelle d'objectifs comme mode de financement des activités associatives

4.3. Assurer une désignation des membres du groupe des associations du CESE et des représentants des associations au CESE européen sur proposition du Mouvement associatif.

4.4 Améliorer les outils de connaissance de la vie associative et de ses évolutions, en mobilisant notamment les services de la statistique publique; financer des études et des recherches contribuant à une meilleure intelligence des échanges non lucratifs.

Faire mieux connaître les associations; instituer, dans les cursus scolaires et d'enseignement supérieur, des actions de sensibilisation au fait associatif et à l'engagement bénévole.

4.5. Veiller à ce que les associations bénéficient d'un régime fiscal qui prenne en compte le caractère désintéressé de leur gestion, l'impartageabilité de leurs bénéfices, leur but non lucratif et leur contribution à l'intérêt général.

Favoriser l'indépendance et la capacité d'innovation des associations par un environnement législatif et réglementaire qui soutient la générosité du public et le mécénat considérés comme des modalités du financement de l'intérêt général.

4.6. Encourager la reconnaissance des associations européennes par la mise en œuvre du statut de l'association européenne.

– V – ENGAGEMENTS DES COLLECTIVITÉS TERRITORIALES

Les collectivités territoriales respectent l'indépendance des associations, en particulier leur fonction d'interpellation et la libre conduite de leurs projets. Elles considèrent les associations comme des partenaires à part entière des politiques publiques et, par le soutien au développement de la connaissance partagée des territoires, elles s'engagent à :

5.1. Conduire une politique associative cohérente tenant compte de l'ensemble des champs d'intervention des associations.

Reconnaître la contribution possible des associations dans tous les champs de compétence des collectivités.

5.2. Favoriser la création de lieux d'accueil, d'information et de conseil sur la vie associative en partenariat avec les acteurs associatifs.

5.3. Mettre en œuvre, en toute transparence, différentes formes de soutien aux associations, dont les subventions liées aux projets portées par les structures associatives, le prêt de locaux adaptés et de matériel.

– VI – ENGAGEMENTS DES ASSOCIATIONS

Respectant et faisant respecter les règles de fonctionnement et de gouvernance démocratiques, de non-discrimination, de parité et la gestion désintéressée conformes à l'esprit de la loi de 1901 par :
- l'expression et la participation de leurs adhérents et/ou de leurs publics à l'élaboration et à la mise en œuvre de leurs projets ;
- l'accès de tous aux actions et aux responsabilités associatives ;
- le contrôle de l'activité et des mandats des responsables en garantissant l'accès à des informations fiables et transparentes ;
- la limitation du cumul des mandats et leur renouvellement à travers des statuts adaptés, des élections régulières et des modalités d'organisation spécifiques ;

Les associations signataires s'engagent à :

6.1. Définir et conduire des projets associatifs à partir de l'expression des besoins des adhérents ou des attentes des publics, en prenant en compte le contexte et notamment les revendications civiques, sociales et culturelles, la promotion et l'éducation des personnes, la qualité des « services relationnels » plus que la finalité économique.

6.2. Mettre en œuvre une éthique du financement des activités associatives, dans le souci du meilleur usage des financements publics, par la diversification des ressources associatives, la gestion désintéressée et le non-partage des excédents, la transparence financière vis-à-vis des adhérents, des donateurs et des pouvoirs publics et l'auto-contrôle de la gestion et de l'emploi des ressources.

6.3. Valoriser l'ensemble des ressources humaines associatives par :
- le respect du droit social
- des modalités de gouvernance où les bénévoles élus et opérationnels, les salariés et les publics de l'association ont leur place et sont complémentaires ;
- une attention particulière à l'information et à la formation des bénévoles et des salariés ;
- une volonté de qualification et promotion sociale des bénévoles et des salariés ;
- un souci de pérennisation des emplois créés.

6.4. Poursuivre dans les associations la mise en œuvre de principes, méthodes et pratiques d'évaluation et d'appréciation permettant de rendre compte de manière claire :
- de l'analyse préalablement réalisée des évolutions des besoins sociaux,
- de la définition d'objectifs qualitatifs et quantitatifs
- de la réalité de la conduite du projet associatif au regard des objectifs,
- de l'analyse des effets produits par la mise en œuvre du projet
- de la satisfaction des publics des actions conduites,
- des engagements pris dans le partenariat avec les pouvoirs publics.

6.5. Participer de façon constructive aux actions de consultations mises en place par les pouvoirs publics en se positionnant comme force de proposition, et à la mise en œuvre de certaines politiques publiques, animée de la volonté de faire progresser l'intérêt général en France et l'intérêt des peuples dans le monde.

6.6. Faciliter les procédures de contrôle, en particulier lorsque les associations bénéficient d'agréments particuliers ou de financements publics ; contribuer à l'efficacité du contrôle des juridictions financières ; mettre en œuvre des procédures de compte rendu claires et accessibles.

6.7. Mettre en œuvre à tous les niveaux les regroupements et les modes de représentation permettant aux pouvoirs publics de compter sur des interlocuteurs associatifs identifiés, représentatifs et structurés, afin de développer le dialogue civil et social, la consultation sur les politiques publiques et la négociation éventuelle de dispositions contractuelles.

– VII – SUIVI, ÉVALUATION ET MISE EN ŒUVRE DE LA CHARTE NATIONALE

La mise en œuvre de la charte nationale s'inscrira dans un processus d'évaluation continu et partagé. Elle fera l'objet de bilans récapitulatifs tous les trois ans.

De la même manière, les signataires de chacune des chartes définiront des modalités d'évaluation adaptées à leur périmètre d'action.

Ces démarches offriront l'un des cadres nécessaires au développement d'un dialogue civil riche et dynamique dans notre pays.

7.1. Une évaluation continue sera confiée à un comité national de suivi et d'évaluation dont la constitution sera négociée et tiendra compte des dimensions interministérielle et territoriale des enjeux traités

Le comité sera co-présidé par un représentant de l'État, un représentant des collectivités territoriales et par un représentant du Mouvement associatif.

Un secrétariat exécutif, assuré par l'administration centrale du ministère en charge de la vie associative, veillera à sa mise en œuvre. Ce comité de suivi et d'évaluation, qui constituera un espace de dialogue permanent entre l'État, les collectivités territoriales et le monde associatif, aura vocation à connaître des déclinaisons territoriales.

7.2. Une évaluation de la charte nationale ainsi que de la situation des déclinaisons sectorielles et territoriales aura lieu tous les trois ans

Elle sera préparée par le comité de suivi national et proposée au HCVA pour avis, puis présentée au CESE et à l'Assemblée nationale. Cette évaluation sera utilisée pour les travaux préparatoires à la Conférence de la vie associative, et sera rendue publique et discutée dans un cadre adapté avec des représentants de chaque signataire. Des déclinaisons territoriales seront également encouragées qui impliqueront des instances de dialogue civil comme les CESER, les conseils de développement, ou encore les comités consultatifs mis en place par les communes.

7.3. L'évaluation nationale prendra appui sur une liste de thèmes contenus dans la charte et qui constituent autant d'enjeux de dialogue et de progression pour les associations, pour l'État et les collectivités territoriales, ou pour l'ensemble des signataires. Certains thèmes pourront être sélectionnés et d'autres délaissés, selon les préoccupations premières, les niveaux de territoires et les responsabilités respectives des acteurs.

7.3.1. Axe d'évaluation qui relève prioritairement de la responsabilité des associations :
- veiller à la vitalité associative par le renouvellement des projets et des personnes ;
- faciliter les procédures de contrôle pour assurer une transparence de fonctionnement ;
- établir des modalités de contrôle des mandats pour améliorer la démocratie interne ;
- reconnaître et former les bénévoles ;
- mettre en œuvre les regroupements et les modes de représentation qui permettent aux pouvoirs publics de compter sur des interlocuteurs associatifs identifiés, représentatifs et structurés.

7.3.2. Axe d'évaluation qui relève prioritairement de la responsabilité de l'État et/ou des collectivités territoriales :
- favoriser des soutiens publics dans la durée en fonction des compétences de chacun ;

– former les agents de l'État et des collectivités territoriales à une meilleure connaissance de la vie associative;
– concevoir une organisation administrative et territoriale qui prenne en compte la transversalité de la vie associative;
– consulter, autant qu'il est possible et souhaitable, les associations et les regroupements organisés sur les projets de textes ou les mesures ou les décisions publiques qui les concernent.

7.3.3. Axe d'évaluation qui relève d'une responsabilité partagée entre les associations et l'État et/ou les collectivités territoriales :
– soutenir les regroupements associatifs volontaires;
– développer une culture partagée de l'évaluation qualitative et quantitative;
– favoriser un ancrage territorial du tissu associatif, notamment dans les territoires les plus défavorisés
– favoriser, dans les associations, la complémentarité entre salariés, bénévoles, volontaires et publics concernés.

La démarche d'évaluation proposée, continue et périodiquement récapitulative, permettra d'analyser et, le cas échéant, de porter remède aux difficultés constatées dans les relations entre l'État, les collectivités territoriales et les associations.

Elle permettra de vérifier la cohérence des actions entreprises et leur validité.

Elle constituera une garantie de visibilité et de transparence, en même temps qu'une aide à la négociation et à la décision.

Chacune des étapes décrites pourra être amendée, complétée, adaptée aux secteurs et aux échelons territoriaux qui choisiront de décliner ce texte socle.

ANNEXE 5
Membres du groupe associations du Conseil économique, social et environnemental (CESE)

Conseiller(ère)	**Fonction associative** au titre de laquelle le (la) conseiller(ère) a été nommé(e) au CESE	**Titres au CESE**
Édith Arnoult-Brill	Secrétaire générale de la Fédération unie des auberges de jeunesse (FUAJ)	Vice-présidente du CESE Membre de la section du travail et de l'emploi
André Leclercq	Ancien vice-président du Comité national olympique et sportif français (CNOSF)	Président du groupe des associations Vice-président de la section des activités économiques
Jean-Marc Roirant	Secrétaire général de la Ligue de l'enseignement	Président de l'intergroupe ESS Membre de la section de l'aménagement durable des territoires
Philippe Da Costa	Ancien directeur de la vie associative à la Croix-Rouge	Président de la section de l'éducation, de la culture et de la communication
Bérénice Jond	Présidente d'Animafac	Membre de la section de l'éducation, de la culture et de la communication Membre de la délégation aux droits des femmes et à l'égalité
Christel Prado	Présidente de l'Union nationale des associations de parents, de personnes handicapées mentales et de leurs amis (UNAPEI)	Membre de la section des affaires sociales et de la santé Membre de la délégation à l'outre-mer
Hubert Allier	Ancien délégué général de l'Union nationale interfédérale des œuvres et des organismes privés non lucratifs sanitaires et sociaux (UNIOPSS)	Membre de la section de l'économie et des finances Membre de la délégation à la prospective et à l'évaluation des politiques publiques
Francis Charhon	Directeur général de la Fondation de France	Membre de la section des affaires européennes et internationales

ANNEXE 6
Travaux confiés au groupe des associations du CESE

Christel Prado, « Le coût économique et social de l'autisme », avis adopté en octobre 2012

Saisie au départ par un collectif d'associations *via* la pétition citoyenne, puis finalement par le président de l'Assemblée nationale, la section des affaires sociales et de la santé a désigné Christel Prado comme rapporteur de l'avis. Pour répondre à ce véritable enjeu de santé publique – le taux de prévalence de l'autisme s'élevant à 1 naissance sur 150 – l'avis met en avant la nécessité d'un dépistage précoce, d'une prise en charge scolaire renforcée et d'un accompagnement de la personne comme de sa famille. Il insiste sur l'importance de limiter les ruptures de parcours liées aux barrières d'âge. Il formule aussi de nombreuses propositions concrètes visant à améliorer l'organisation de la recherche. Le 3e plan Autisme (2013-2017) a repris plus d'un tiers des préconisations de l'avis.

Jean-Marc Roirant et Patrick Lenancker, « Entreprendre autrement : l'économie sociale et solidaire », avis adopté en janvier 2013

Jean-Marc Roirant a co-rapporté cet avis, issu d'une saisine gouvernementale préparée par le ministre chargé de l'Économie sociale et solidaire Benoît Hamon, réalisée dans l'optique d'alimenter le projet de loi alors en cours d'élaboration. Au-delà des conclusions rendues, cet avis a surtout été l'occasion pour les représentants de l'ESS d'identifier leurs marqueurs identitaires communs. Il a aussi permis de lever les préjugés qui pouvaient entourer cette notion parmi les acteurs non initiés du CESE. Définie en premier lieu par ses statuts, l'ESS y apparaît ainsi comme une économie d'utilité sociale dynamique, forte de valeurs et de pratiques propres, placée au service de l'intérêt collectif et de la cohésion sociale.

Francis Charhon, « Face aux défis du développement, comment renforcer les ONF françaises ? », avis adopté en février 2013

Le point de départ de cet avis rapporté par Francis Charhon était le suivant : face au rôle croissant occupé par les ONG anglo-saxonnes dans les dispositifs de solidarité internationale, peu d'ONG françaises sont en mesure de se déployer et de se rendre audibles avec la même intensité. Parmi les préconisations avancées pour les renforcer, les plus importantes portaient sur leur sécurisation organisationnelle (création de synergies et la professionnalisation) financière (systématisation des CPO, pérennisation du régime fiscal et des dons) et institutionnelle (en donnant une place plus grande dans la gouvernance sur la politique de coopération). Un certain nombre de propositions ont été reprises aux travaux des Assises du développement et de la solidarité internationale.

Mélanie Gratacos, « Réfléchir ensemble à la démocratie de demain », étude adoptée en avril 2013

Ancienne membre du groupe des associations, Mélanie Gratacos a conduit cette étude qui présente des éléments de réflexion et de questionnement sur l'évolution de notre démocratie. Si celle-ci est aujourd'hui considérée comme un acquis dans notre pays, la progression quasi continue de l'abstention électorale, mais aussi la défiance exprimée par les citoyens à l'égard des responsables politiques témoignent d'un désenchantement croissant vis-à-vis de son fonctionnement. En outre, la démocratie peine à produire des décisions perçues comme légitimes et efficaces. L'étude dessine plusieurs pistes autour des grandes étapes du processus décisionnel, telles que redonner du sens à la décision sur le long terme, enrichir le débat public en amont ou renforcer le pluralisme des élus.

Édith Arnoult-Brill et Gabrielle Simon, « Le fait religieux en entreprise », avis adopté en novembre 2013

Cet avis expose de manière claire et didactique la laïcité en tant que principe d'organisation politique permettant la coexistence de toutes les religions dans le respect et la tolérance mutuels. L'avis relève le défi de concilier trois éléments fondamentaux que sont le respect de la liberté religieuse, la protection des salariés et des usagers contre les abus, le bon fonctionnement de l'entreprise. Après un état des lieux concis sur le fait religieux au travail, dressé à partir d'éléments juridiques et empiriques, l'avis formule des recommandations concrètes et appropriables par tous.

Francis Charhon, « Projet de loi d'orientation et de programmation relative à la politique de développement et de solidarité internationale », avis adopté en novembre 2013

La rédaction d'une loi d'orientation et de programmation sur la politique de développement et de solidarité internationale était une revendication exprimée depuis longtemps par l'ensemble des associations réalisant des projets à l'étranger. Dans cet avis gouvernemental, le groupe des associations a insisté sur trois points essentiels : la nécessité d'une gouvernance multi-acteurs dans la conception et l'application d'une telle politique; des exigences renforcées en matière de transparence de l'aide et de suivi de la politique de développement; l'importance de soutenir les ONG et les associations par des dispositifs fiscaux et financiers consolidés.

Christel Prado, « Mieux accompagner et inclure les personnes en situation de handicap : un défi, une nécessité », avis adopté en juin 2014

Avec cet avis, la section des affaires sociales et de la santé a fait un choix inhabituel : plutôt que de solliciter exclusivement l'appui des pouvoirs publics par le biais de préconisations, le parti pris de l'avis a été de promouvoir un concept novateur; la société inclusive et accompagnante. La conception universelle incarne cet état d'esprit : celui de penser en amont les biens et les services pour qu'ils soient accessibles à tous. Cela suppose de pérenniser les investissements publics dans la recherche, de promouvoir les innovations technologiques, de développer l'accueil et l'accompagnement, de proposer des parcours de vie sans rupture.

ANNEXE 7
Liste des rapports au CESE en lien avec les associations et les fondations

La dépendance des personnes âgées.

La protection sociale : assurer l'avenir de l'assurance maladie.

Les inégalités à l'école.

Quelles missions et quelle organisation de l'État dans les territoires ?

Les enjeux de la prévention en matière de santé.

Bilan du Grenelle de l'environnement : pour un nouvel élan.

Droits formels/droits réels: améliorer le recours aux droits sociaux des jeunes.

Réussir la démocratisation de l'enseignement supérieur : l'enjeu du premier cycle.

L'emploi des jeunes.

Avant-projet de loi d'orientation et de programmation pour la refondation de l'école de la République.

Le logement autonome des jeunes.

Financer la transition écologique et énergétique.

Agir pour la biodiversité.

Pour une politique de développement du spectacle vivant : l'éducation artistique et culturelle tout au long de la vie.

La réduction des inégalités territoriales : quelle politique nationale d'aménagement du territoire ?

L'éducation à l'environnement et au développement durable tout au long de la vie, pour la transition écologique.

Favoriser l'accès pour tous à une alimentation de qualité, saine et équilibrée.

La stratégie d'investissement social.

Concertation entre parties prenantes et développement économique.

Projet de loi relatif à l'adaptation de la société au vieillissement.

Pour un renouveau des politiques publiques de la culture.

L'Union européenne à la croisée des chemins.

Le dialogue social, vecteur de démocratie, de progrès social et de compétitivité (avis non adopté).

Projet de loi de programmation pour un nouveau modèle énergétique français.

Tourisme et développement durable en France.

Agir pour la mixité des métiers.

Les données numériques : un enjeu d'éducation et de citoyenneté.

Inégalités environnementales et sociales : identifier les urgences, créer des dynamiques.

ANNEXE 8
Synthèse du rapport d'Yves Blein[1] *Des simplifications pour les associations*. Octobre 2014

Le monde associatif semble de prime abord se caractériser par une infinie diversité d'activités, de tailles et de modèles économiques. D'une petite association sportive à rayonnement local, qui s'appuie exclusivement sur des bénévoles, à une grande association employeuse du secteur humanitaire, membre d'un réseau mondial et dont les activités sont plurielles, ce sont 1,3 million d'associations actives qui forment ce tissu que les enquêtes universitaires et les données administratives permettent d'appréhender avec une précision toujours plus grande.

Quant aux points communs, qui assurent l'unité du monde associatif et rendent opportune et pertinente toute réflexion sur la simplification à destination des associations dans leur ensemble, ils ne se limitent pas au statut particulièrement flexible et peu contraignant que garantit la loi du 1er juillet 1901 relative au contrat d'association. En effet, certaines caractéristiques spécifiques (large recours au bénévolat, importance fondamentale des financements publics, ou encore régime fiscal particulier) en font un monde à part, qui mérite qu'on consacre un travail spécifique et ciblé aux difficultés qu'il rencontre. De plus, leur appartenance commune à la famille de l'économie sociale et solidaire, consacrée par la loi du 31 juillet 2014, souligne le rôle que les associations jouent et sont appelées à jouer dans la société.

Le caractère essentiel des enjeux liés aux associations peut se résumer en trois chiffres : 85 milliards d'euros de budget annuel en 2014, 1,8 million de salariés soit 8 % de l'emploi salarié total de l'économie française, et 16 millions de bénévoles d'après les enquêtes les plus récentes. La mission a reconstitué les différentes étapes et les démarches qui composent le parcours de vie des associations, afin de montrer les types de difficultés, objectives et démontrables, qui se posent à elles à chacune de ces étapes :
– les formalités administratives, de la création à la dissolution de l'association, ont été simplifiées dans les années récentes, mais des améliorations demeurent nécessaires en matière de dématérialisation des procédures et de système d'identification des associations ;
– l'information et le conseil dont les associations ont besoin sont proposés par différents acteurs, dispositifs publics ou partenariaux et fédérations nationales. La mission a cependant observé que le paysage de l'accompagnement est fragmenté et inégal, et que les têtes de réseau ne jouent pas toujours ce rôle de manière suffisante, alors qu'il est vital lors de certains caps que les associations franchissent (premier emploi, passage dans la sphère des petites et moyennes associations) ;
– la recherche de financement est le point qui, parmi tous les autres, concentre les difficultés les plus aiguës des associations : complexité et multiplicité des dossiers de subvention, demandes répétées des mêmes documents par les services instructeurs,

1 http://www.associations.gouv.fr/IMG/pdf/Rapport_Simplifications_Y-_Blein.pdf

– recours de plus en plus fréquent aux règles de la commande publique, absence de pluriannualité effective, refus de reconnaissance de la légitimité du bénéfice raisonnable, contrôles redondants et indicateurs superfétatoires, la liste est longue;
– l'obtention d'agréments, délivrés pour la plupart par les ministères, n'est pas un vecteur de complexité majeur : il semble cependant qu'une simplification, que l'État peut atteindre à peu de frais, serait bienvenue. La reconnaissance d'utilité publique, et les difficultés que rencontrent les associations bénéficiant de cette reconnaissance lorsqu'elles veulent modifier leur statut, est en revanche un point particulièrement signalé par la mission;
– la gestion de leur fiscalité par les associations suscite des difficultés d'accès à l'information. Les règles fiscales, liées notamment au caractère lucratif ou non de leurs activités et aux réductions fiscales auxquelles ouvrent droit les dons, ont déjà fait l'objet d'un réel effort d'explicitation; la mission montre cependant que des améliorations sont encore possibles;
– le recrutement de bénévoles, notamment dirigeants, est une difficulté majeure des associations, qui ne parviennent pas à renouveler leurs cadres dans un contexte qui exige d'eux une professionnalisation toujours plus grande;
– l'emploi de salariés génère des risques, mais la mission observe qu'ils ne sont pas, pour la plupart, propres aux associations. Un meilleur accompagnement semble plus réaliste à court terme qu'une simplification du droit social, qui dépasse la question des associations;
– enfin, la mission montre que des barrières administratives désuètes ralentissent l'organisation d'activités et de manifestations.

Globalement, la mission observe que, dans le paysage associatif, ce sont les associations petites et moyennes, ou «*associations de taille intermédiaire*», qui semblent être les plus fragilisées : elles sont trop grandes pour échapper à certaines des complexités administratives, mais trop petites pour résister à tous les aléas notamment financiers. La mission a identifié, à partir de cette analyse objective des difficultés des associations, une série ambitieuse de cinquante mesures de simplification concrètes et opérationnelles, qui doivent leur bénéficier dans leur ensemble, sans biais sectoriel, afin de créer pour elles «*un choc de simplification*». Ces mesures ne se limitent pas à l'État, bien au contraire : leur succès dépend de l'engagement de l'ensemble des partenaires des associations, au premier rang desquels les collectivités territoriales, qui doivent être associées *ab initio* à la mise en œuvre opérationnelle de toutes les propositions.

La mission a distingué :
– les mesures transversales. Il s'agit notamment de :
– consolider la gouvernance du chantier de la simplification à destination des associations;
– renforcer la connaissance du monde associatif par les pouvoirs publics;
– simplifier et fluidifier le système d'identification des associations;
– dématérialiser l'ensemble des démarches et mettre en œuvre le programme «Dites-le-nous une fois»;
– affirmer les prérogatives du Haut conseil à la vie associative en matière de vigilance à l'égard des normes nouvelles;

– les mesures particulièrement liées à des « événements de vie ». Il s'agit de :
– renforcer les dispositifs de conseil et d'accompagnement;
– simplifier et harmoniser l'ensemble des procédures de demande, de gestion et de contrôle qui se rapportent aux financements publics, du niveau local au niveau européen;
– faciliter l'obtention des agréments et la gestion du statut d'association reconnue d'utilité publique;
– valoriser davantage le bénévolat pour l'encourager;
– mieux expliciter et diffuser la règle fiscale;
– lever les barrières inutiles à l'organisation d'activités et de manifestations.

ANNEXE 9
Avant-propos du rapport de la commission d'enquête sur les difficultés des associations[2]. Novembre 2014

Force est d'en convenir : alors que l'engagement associatif a été choisi comme Grande Cause nationale en 2014, les problèmes et les obstacles ne cessent de s'accumuler et de peser sur le tissu associatif, au point d'affaiblir l'efficacité de son action au bénéfice de nos concitoyens, de compromettre sa contribution à la vitalité de l'économie et à l'emploi et de menacer l'avenir le plus immédiat de nombre d'associations. Pourtant, jamais comme aujourd'hui le rôle spécifique que les associations jouent auprès des habitants, les valeurs qu'elles portent et le large éventail de compétences qu'elles mobilisent n'ont été ressentis comme autant d'atouts spécifiques et précieux.

Au cours des six mois qui viennent de s'écouler, les député(e) s membres de cette commission d'enquête et leur rapporteure, notre collègue Françoise Dumas, ont accompli un riche travail d'écoute et d'analyse : plus de 180 personnes ont été entendues; un déplacement a été effectué dans le Gard, à Nîmes, pour établir un contact direct avec les organismes qui sont présents, au quotidien, sur le terrain; des entretiens dans un cadre moins formel ont eu lieu avec plusieurs personnalités spécialistes de ces problématiques ou des responsables de réseaux associatifs. Bien évidemment, la commission a été amenée à considérer les très nombreux témoignages spontanés, oraux ou écrits, apportés par des dirigeants et des militants de tous les horizons, agissant dans l'ensemble des secteurs – économique, social, sanitaire, environnemental, sportif, culturel... – que couvre le mouvement associatif français; je tiens ici à les remercier chaleureusement.

Je me félicite également de la forte implication de nombreux membres de la commission, qui ont souhaité effectuer dans leur circonscription, auprès du tissu associatif local, un travail de consultation et d'écoute similaire à celui que la commission plénière réalisait à Paris. Des initiatives diverses ont été portées à ma connaissance : réunions publiques, mise en place d'un forum sur un site Internet, etc. Les contributions reçues dans ce cadre, issues du terrain – des terres bretonnes jusqu'à la plaine d'Alsace, des rivages du Nord jusqu'aux contreforts des Pyrénées, des coteaux franciliens jusqu'aux montagnes savoyardes – ont nourri les réflexions de la commission d'enquête à travers les interventions de ses membres pendant les auditions : je considère qu'il s'agit de la preuve que le travail parlementaire sait innover et qu'il est particulièrement pertinent lorsqu'il parvient ainsi à mettre en résonance directe les initiatives locales et le travail parisien.

C'est donc un premier élément de satisfaction que l'écho très fort recueilli tout au long de ces six mois, grâce à la démarche qu'ont conduite de concert les membres de notre commission d'enquête en prenant le pouls de la vie associative. Cela témoigne – s'il en était vraiment besoin – de l'attention

---

2 http://www.assemblee-nationale.fr/14/pdf/rap-enq/r2383-tI.pdf
http://www.assemblee-nationale.fr/14/pdf/rap-enq/r2383-tII.pdf

vigilante que nos concitoyens portent à ces enjeux et de leur détermination à préserver cet élément décisif de notre vie sociale. Un double constat qui en dit long sur l'importance de l'engagement attendu des pouvoirs publics pour répondre aux aspirations du mouvement associatif dans la tourmente de la crise.

Je souhaite insister sur ce point, le travail de la commission d'enquête aura permis de vérifier, une fois encore, le bien-fondé de la loi de 1901 qui autorise la libre création d'associations. Un droit qui, à ce jour, n'est pas reconnu par tous les États.

Le premier objectif du rapport était de dresser le tableau de la situation des associations et de contribuer à préciser leur «bilan de santé».

Le rapport rappelle, en chiffres, la place des associations dans la vie économique et sociale de notre pays. Avec environ 1,3 million d'associations et quelque 16 millions de bénévoles, le secteur associatif gère un budget total de 85 milliards d'euros (3,2 % du PIB), recense 1,8 million d'emplois et représente une masse salariale de 37 milliards d'euros. Les associations comptent pour 10 % du total des emplois du secteur privé ! C'est dire leur importance pour notre économie, au moment où la France recense, toutes catégories confondues, plus de 5 millions de demandeurs d'emploi.

Notre commission d'enquête a bien évidemment été très sensible et très attentive à la grande diversité de la vie associative. Le spectre est large, en effet, qui va des espaces urbains aux départements ruraux et de la petite association de quartier ou de village, qui organise chaque année sa fête traditionnelle et crée du lien social, jusqu'à la grande association nationale exerçant une activité sanitaire ou sociale dans un cadre très réglementé; sans oublier le rôle pivot – parmi d'autres – qu'assument les fédérations dans l'organisation de la pratique sportive à l'échelle du territoire français...

Les investigations, les débats et les échanges menés à bien au cours de ces six mois ont permis de pointer des difficultés nouvelles ou récurrentes.

Je veux tout d'abord parler de la tension accrue sur les finances associatives, quand s'ajoutent aux désengagements progressifs et multiformes de l'État, depuis une vingtaine d'années, les effets de l'austérité imposée par l'Europe, la baisse du soutien des collectivités fragilisées dans leurs ressources, ou encore le recours croissant aux dispositifs de la commande publique qui pénalise les petites et les moyennes associations. Un recours – soit dit en passant – qui fait obstacle au droit des associations à l'expérimentation et à l'innovation et qui remet en cause leur capacité d'initiative, alors que celle-ci devrait, au contraire, demeurer un trait identitaire fort du tissu associatif et un signe distinctif des partenariats qu'il tisse avec les collectivités territoriales.

La co-construction des politiques publiques entre les collectivités et les associations doit être garantie et développée.

Autre problème : les nouvelles règles européennes et le poids de la concurrence avec le secteur privé lucratif quand les entreprises privées se portent toujours davantage vers des activités jusqu'ici assurées, pour l'essentiel, par les associations. Cette « marchandisation rampante » est extrêmement préoccupante.

Je souhaite mentionner également les difficultés que peuvent poser la suppression de la clause de compétence générale des collectivités locales et le flou d'une réforme territoriale qui, à cette heure, suscite de nombreuses interrogations chez les acteurs et les observateurs de la vie associative, comme l'ont bien montré les auditions.

La fiscalité des activités associatives et son évolution récente (la question du versement transports, l'enjeu du crédit d'impôt pour la compétitivité et l'emploi) ; le tracassin administratif et l'absence d'uniformité des dossiers que doivent constituer les associations sollicitant une aide financière ; les risques liés au transfert de la gestion des fonds structurels européens en 2014, qui pourrait déboucher sur une année blanche budgétaire ; etc., sont autant de sujets de préoccupation abordés par le mouvement associatif et explorés par notre commission tout au long des auditions auxquelles elle a procédé.

Sur tous ces sujets, nous nous sommes efforcés d'avancer des réflexions ou des propositions en ayant à l'esprit l'attente profonde exprimée par nombre d'intervenants : celle d'une reconnaissance plus marquée des associations et de leurs animateurs pour le travail qu'ils accomplissent, et celle d'une plus grande confiance de l'administration et des institutions envers le mouvement associatif.

Le présent rapport explore naturellement un certain nombre de pistes, comme faire bénéficier le tissu associatif d'un choc de simplification administrative et alléger les procédures ; sécuriser les financements ; développer le dispositif des contrats pluriannuels ; s'appuyer sur la définition de la subvention adoptée dans la loi du 31 juillet 2014 relative à l'économie sociale et solidaire; réfléchir à la constitution d'un fonds de garantie adossé à la Caisse des dépôts et consignations pour éviter les lourds agios payés au secteur bancaire en raison des délais de versement des subventions publiques ; donner vie aux principes et aux objectifs de la Charte des engagements réciproques signée en février dernier par l'État, Le Mouvement associatif et les collectivités territoriales, etc.

Notre commission s'est également montrée favorable au principe du congé d'engagement bénévole, congé d'exercice de la responsabilité associative, et favorable à ce que soient pris en compte et valorisés les acquis de l'activité associative et la formation d'éducation populaire qui en résulte.

Les travaux que mes collègues et moi-même avons effectués dans un esprit parfaitement consensuel – je tiens à le souligner – nous ont conduits à insister sur le caractère primordial du lien Éducation nationale-vie associative pour susciter et soutenir l'engagement associatif des enfants et des jeunes. Il faut préparer la relève et assurer le passage du flambeau !

Enfin, nous avons voulu attirer l'attention, d'une part, sur l'intérêt du développement de fonds réservés à la formation des acteurs du monde associatif, fonds territoriaux conjuguant apports publics et privés, et, d'autre part, sur la contribution des nouvelles technologies au renouvellement de l'engagement associatif, puisqu'elles contribuent à libérer celui-ci du problème du « temps contraint », tout en boostant l'information et la mobilisation des citoyens.

La vie associative reste une composante incontournable et essentielle de la vie démocratique française, une condition décisive de l'enrichissement permanent du vivre ensemble et de notre citoyenneté.

ANNEXE 10
Principaux textes publiés depuis 2012

2012

Circulaire ACOSS n° 2012-13 à n° 2012-16 du 16 février 2012

Fixant le taux des cotisations accidents du travail pour 2012, principalement des bénévoles.

Instruction 2 mars 2012 n°5B-11-12 (*BOI* n° 30 du 13 mars 2012)

Possibilité pour les bénévoles de bénéficier d'une réduction d'impôts pour les frais qu'ils engagent personnellement dans le cadre de leur activité associative.

Décret n° 2012-310 du 6 mars 2012

Aide versée aux organismes d'accueil de jeunes en service civique pour l'organisation de la formation civique et citoyenne.

Arrêté du 13 mars 2012

France Nature Environnement (FNE) habilitée à prendre part au débat sur l'environnement se déroulant dans le cadre des instances consultatives pour une durée de cinq ans.

Décret n° 2012-377 du 19 mars 2012

Régime des libéralités consenties aux États et aux établissements étrangers habilités par leur droit national à recevoir des libéralités

Loi n° 2012-387 du 22 mars 2012

Simplification du droit.

Décret n° 2012-440 du 2 avril 2012

Dévolution de terrains non bâtis en cas de dissolution d'une association agréée pour la protection de l'environnement

Décret n° 2012-471 du 11 avril 2012

Agrément et contrôle des associations, fondations et sociétés autorisées à pratiquer certaines opérations de crédit

Circulaire DGCS/SD1C/2012/104 du 4 mai 2012

Conditions d'accès et modalités de calcul du RSA des personnes exerçant une activité de volontaire.

Circulaire du 11 juin 2012

Conditions de mise en œuvre du repos compensateur équivalent pour les titulaires d'un contrat d'engagement éducatif (CEE).

Circulaire du 18 juin 2012

Prorogation de trois ans du dispositif d'exonération de cotisations patronales aux structures et associations implantées en zones franches urbaines.

Arrêté du 12 septembre 2012

Mise à disposition des instructions et des circulaires publiées au *Bulletin officiel des finances publiques-impôts.*

Loi n° 2012-1189 du 26 octobre 2012

Création des emplois d'avenir.

Arrêté du 26 novembre 2012

Dématérialisation du contrat unique d'insertion (CUI).

Circulaire du Premier ministre du 5 décembre 2012

Élaboration de conventions d'objectifs pour les quartiers populaires entre le ministre de la Ville et les ministres concernés par la politique de la ville.

Arrêté du 17 décembre 2012

Associations intermédiaires et taux de cotisation accidents du travail.

Décret n° 2012-1408 du 18 décembre 2012

Égalité professionnelle femmes-hommes.

Loi n° 2012-1460 du 27 décembre 2012

Mise en œuvre du principe de participation du public défini à l'article 7 de la Charte de l'environnement.

Décret n° 2012-1496 du 28 décembre 2012

Revalorisation de certaines aides au 1er janvier 2013.

Loi n° 2012-1509 du 29 décembre 2012

Loi de finances pour 2013.

Loi n° 20012-1559 du 31 décembre 2012

Création de la Banque publique d'investissement.

Arrêté du 21 décembre 2012

relatif à la publication de la grille du montant mensuel de l'indemnité supplémentaire octroyée aux volontaires internationaux en entreprise à l'étranger.

2013

Décret n° 2013-1496 du 2 janvier 2013

Revalorisation de certaines aides au 1er janvier 2013.

Décret n° 2013-8 du 3 janvier 2013

Création du Haut Conseil à l'égalité entre les femmes et les hommes.

Arrêté du 7 janvier 2013

Nomination des membres du Haut Conseil à l'égalité entre les femmes et les hommes.

Arrêté du 14 janvier 2013

Nomination des membres du Comité national pour la bientraitance et les droits des personnes âgées et des personnes handicapées.

Décret n° 2013-33 du 13 janvier 2013

Revalorisation du traitement d'indice et impact sur le montant des indemnités de service civique.

Circulaire de la Direction générale du travail (DGT) du 18 janvier 2013

Nouvelles obligations incombant aux employeurs en matière de respect du principe d'égalité professionnelle entre les sexes.

Circulaire ACOSS n° 2013-002 du 31 janvier 2013

Fixant le taux de cotisations trimestrielles au titre de 2013 pour l'assurance volontaire en matière d'accidents du travail et maladies professionnelles pour les bénévoles et les membres d'organismes d'intérêt général.

Circulaire de la Délégation générale à l'emploi et à la formation professionnelle (DGEFP) du 22 février 2013

Contrats d'accompagnement dans l'emploi.

Loi n° 2013-185 du 1er mars 2013

Création du contrat génération.

Décret n° 2013-265 du 28 mars 2013

Modifications aux articles 142 et 143 de l'annexe II au code général des impôts.

Arrêté du 30 mars 2013

Barème des indemnités forfaitaires kilométriques pour 2013.

BOFiP, BOI-ENR-DMTG-20-10-10-20131211

Instruction relative aux mutations à titre gratuit, aux donations.

Circulaire du 12 avril 2013

Relations entre les services intégrés d'accueil et d'orientation (SIAO) et les associations gestionnaires des centres dédiés aux femmes.

Loi n° 2013-316 du 16 avril 2013

Droit d'alerte d'un salarié envers son employeur en cas de risque grave sur la santé publique ou l'environnement.

Arrêté du 26 avril 2013

Modèle et contenu des différents documents administratifs relatifs au contrat de génération.

Décret n° 20013-371 du 30 avril 2013

Attributions et mode de fonctionnement du Conseil supérieur de l'égalité professionnelle entre les femmes et les hommes (CSEP).

Circulaire n° 2013-073 du 3 mai 2013

Parcours d'éducations artistique et culturelle dans le cadre de la réforme des rythmes scolaires.

BOFiP, BOI-ANNX-000068 du 7 mai 2013

Tableau récapitulatif du régime fiscal des indemnités et des prestations allouées dans le cadre du service national actif, du service civique, du volontariat pour l'insertion ou du volontariat associatif.

Convention-cadre « Emplois d'avenir entre l'État et Coorace » du 27 mai 2013

Élargissement des cas de figure dans lesquels les SIAE peuvent désormais conclure des emplois d'avenir.

Arrêté du 5 juin 2013

Élargissement de la liste des titres et des diplômes permettant d'exercer les fonctions d'animation et de direction en séjour de vacances, en accueil sans hébergement et en accueil de scoutisme.

Loi n° 2013-595 du 8 juillet 2013

Loi d'orientation et de programmation pour la refondation de l'École de la République.

Décret n° 2013-307 du 2 août 2013

Taux d'encadrement des accueils de loisirs périscolaires organisés dans le cadre du projet éducatif territorial (PEDT).

Décret n° 2013-815 du 11 septembre 2013

Contrat de génération.

Décret n° 2013-880 du 1er octobre 2013

« Garantie jeune » pour les jeunes de 18 à 25 ans en grande difficulté financière.

Arrêté du 1er octobre 2013

Liste des territoires concernés par l'expérimentation de la « garantie jeune ».

Loi n° 2013-1005 du 12 novembre 2013

Simplification des relations entre l'administration et les citoyens.

Décret n° 20013-1034 du 15 novembre 2013

Centres de gestion et associations agréés, et professionnels de l'expertise comptable, simplification des dispositions qui leur sont applicables.

Arrêté du 10 décembre 2013 texte n° 10

Par pays, montants des indemnités supplémentaires attribuées aux volontaires civils affectés à l'étranger et aux volontaires internationaux en entreprise à l'étranger.

Arrêté du 12 décembre 2013, texte n° 63

Encadrement des accueils de loisirs organisés dans le cadre des rythmes éducatifs.

Décret n° 2013-1191 du 18 décembre 2013

Bénéfice de la Médaille de la jeunesse et des sports élargi au domaine de l'engagement bénévole.

Arrêté du 20 décembre 2013, textes n°s 20 et 42

Habilitation des associations Réserves naturelles de France et Comité de liaison des énergies renouvelables pour prendre part au débat sur l'environnement se déroulant dans le cadre des instances consultatives nationales.

Arrêté du 24 décembre 2013, texte n° 49

Par pays, montants des indemnités supplémentaires attribuées aux volontaires civils affectés à l'étranger et aux volontaires internationaux en entreprise à l'étranger.

<u>2014</u>

Décret n° 2014-18 du 9 janvier 2014

Création d'un Délégué interministériel à la jeunesse. Cette nouvelle fonction est assurée par le directeur de la jeunesse, de l'éducation populaire et de la vie associative.

BOFiP-impôts, BOI-TPS-TS-30 du 22 janvier 2014

Modifications apportées à la taxe sur les salaires.

BOFiP-impôts, BOI-RSA-CHAMP-20-30-10-10 du 23 janvier 2014

Indemnité de congé de représentation imposable à l'impôt sur le revenu selon les règles de droit commun des traitements et salaires.

Loi n° 2014-173 du 21 février 2014

Loi de programmation pour la ville et la cohésion urbaine.

Décret n° 2014-136 du 17 février 2014

Précisions des seuils propres aux catégories comptables des micro- et petites entreprises.

Décret n° 2014-188 du 20 février 2014

Autorisation à Pôle emploi, aux missions locales ou aux Cap emploi à mettre en œuvre deux types de dérogation pour la conclusion d'emplois d'avenir.

Arrêté du 25 février 2014, texte n° 9

Taux de la cotisation d'accidents du travail et de maladies professionnelles due pour les personnes ayant souscrit un contrat de service civique.

Loi n° 2014-288 du 5 mars 2014

Formation professionnelle, l'emploi et démocratie sociale.

Arrêté du 6 mars 2014, texte n° 19

Montant de l'aide financière aux structures de l'insertion par l'activité économique.

Loi n° 2014-344 du 13 mars 2014

Consommation.

BOFiP-impôts, BOI-TPS-TS-30-20140325 du 25 mars 2014

Taxe sur les salaires.

Décret n° 2014-394 du 31 mars 2014

Création du Commissariat général à l'égalité des territoires.

Arrêté du 19 mai 2014 texte n°10

Barème fiscal de remboursement des frais kilométriques applicables aux véhicules.

Décret n° 2014-565 du 30 mai 2014

Modification de la partie réglementaire du code de l'action sociale et des familles pour la précision des règles relatives à l'organisation et au fonctionnement de la procédure d'appel à projets préalable, à la délivrance de l'autorisation des établissements et services sociaux et médico-sociaux (ESMS).

BOFiP BOI-IS-FUS-10-20-20-20140613 du 13 juin 2014

Fusions et opérations assimilées, régime spécial des fusions, champ d'application (paragraphes 350 à 357).

Loi n° 2014-773 du 7 juillet 2014

Politique de développement et de solidarité internationale.

Loi n° 2014-856 du 31 juillet 2014

Économie sociale et solidaire.

Décret n° 2014-1354 du 12 novembre 2014

Diverses mesures relatives à la validation des acquis de l'expérience.

Arrêté du 8 décembre 2014

Montant des rémunérations dues en contrepartie des services rendus par la Direction de l'information légale et administrative, notamment pour création, modification, dissolution publication des comptes annuels des associations.

LOI n° 2014-1654 du 29 décembre 2014 de finances pour 2015

Notamment l'article 11 ajoutant à l'article 206 du Code général des impôts, après le montant de 60 000 euros, les termes suivants : « *Cette limite est indexée, chaque année, sur la prévision de l'indice des prix à la consommation, hors tabac, retenue dans le projet de loi de finances de l'année.* »

Loi n° 2014-1655 du 29 décembre 2014 de finances rectificative pour 2014

Article 86 relatif au versement transport

Textes européens

Règlement (UE) n° 1407/2013 de la Commission du 18 décembre 2013

Application des articles 107 et 108 du traité sur le fonctionnement de l'Union européenne aux aides *de minimis*, applicable depuis le 1er janvier 2014.

Directive 2014/24/UE du Parlement européen et du Conseil du 26 février 2014

Passation des marchés publics et abrogation de la directive 2004/18/CE.

Règlement (UE) n° 346/2013 du Parlement européen et du Conseil de l'Union européenne du 17 avril 2013

Fonds d'entrepreneuriat social européen.

ANNEXE 11
Bibliographie

Chapitre 1

FERRY Luc et Conseil d'analyse de la société (CAS), *La Représentation du monde associatif dans le dialogue civil,* La Documentation française, 2010.

CPCA, *Dialogue civil : les corps intermédiaires, les associations et la démocratie*, n° 18, mai 2012.

Chapitre 2

ARCHAMBAULT Édith, ACCARDO Jérôme, LAOUISSET Brahim, *Connaissance des associations*, CNIS, décembre 2010.

ARCHAMBAULT Édith, PROUTEAU Lionel, «Un travail qui ne compte pas ? La valorisation monétaire du bénévolat associatif», *Travail et Emploi*, 2010, n° 124, p. 57-65.

PROUTEAU Lionel, «Travail bénévole», *in* TCHERNONOG Viviane, *Le Paysage associatif français. Mesures et évolutions*, 2e édition, 2013, Juris Dalloz, p. 59-81.

PROUTEAU Lionel, WOLFF François-Charles, «Le travail bénévole : un essai de quantification et de valorisation», *Économie et Statistique*, n° 373, 2004, p. 33-56.

TCHERNONOG Viviane, *Logiques associatives et financement du secteur associatif. Éléments de cadrage,* rapport au ministère de l'Emploi et de la Solidarité, Matisse-LES, Université de Paris-I, 2000.

TCHERNONOG Viviane, *Le Paysage associatif français*, 2013 Juris Dalloz.

Recherches et Solidarités, *La France associative en mouvement*, septembre 2014.

Chapitre 3

ABHERVÉ Michel, «Faire une place aux jeunes dans les instances associatives», *Newsletter CPCA*, 29 mai 2013.

Admical et Pro Bono Lab, *Le Mécénat de compétences : comment engager les actifs ?*, septembre 2014.

AFEV, *L'Engagement bénévole à l'AFEV*, 2012.

Agence du service civique, *La Perception du service civique par les jeunes,* TNS Sofres, mars 2011.

Agence du service civique, Liberté, égalité, citoyenneté : un service civique pour tous, rapport sur l'avenir du service civique, de Chérèque F., président de l'Agence du service civique, à Mme Vallaud-Belkacem N., ministre des Droits des femmes, de la Ville, de la Jeunesse et des Sports, juillet 2014.

Agence du service civique, rapports d'activités annuels.

Animafac, *Les Femmes et le Pouvoir dans les associations étudiantes*, 2e édition, avril 2013, étude réalisée avec le soutien financier du ministère chargé de la Vie associative.

Animafac et MRJC, *La Participation des jeunes en Europe*, étude réalisée avec le soutien financier du Fonds pour le développement de la vie associative, juin 2014.

CERPHI (dir.), *L'Engagement bénévole des seniors de 50 à 65 ans en France*, décembre 2012.

Commission européenne (DG éducation et culture), *Volunteering in the European Union*, enquête réalisée par GHK Consulting, février 2010.

Cour des comptes, rapport public, Le Service civique : une ambition forte, une montée en charge à maîtriser, février 2014.

France Bénévolat, *L'Engagement bénévole en perspective, recueil d'analyses dans le cadre de la Grande Cause nationale 2014*, décembre 2014.

France Bénévolat, *La Situation du bénévolat en France en 2013*, juin 2013.

France Bénévolat, UNML, UNAPP, *La Place du bénévolat et des bénévoles pour l'accompagnement des jeunes. Agir pour, avec et par les jeunes*, octobre 2014.

IFOP, pour le ministère chargé de la Vie associative, *Les Actifs et les Dispositifs d'aménagement du temps de travail facilitant la pratique du bénévolat, principaux enseignements du sondage*, janvier 2014.

INJEP, *Service civique, entre engagement et projet professionnel*, conférence-débat du 29 mars 2012.

INSEE, *Taux d'adhésion à au moins une association par secteur d'activité*, juin 2012.

INSEE, *Taux d'adhésion à au moins une association selon l'âge*, juin 2012.

Le Rameau, groupe de travail piloté par le ministère chargé de la Vie associative, *L'Engagement des actifs*, novembre 2014.

PETER Jean-Michel et SUE Roger, «Les représentations de l'engagement bénévole. Entre motivations et résistances», *Tribune Fonda*, Crédit mutuel, décembre 2013.

PROUTEAU Lionel, WOLFF François-Charles, *Adhésions et dons aux associations : permanence et évolutions entre 2002 et 2010*, Lemna, Université de Nantes, avril 2012.

PROUTEAU Lionel, *Bénévolat. Enquête sur la vie associative en France en 2010 : résultats préliminaires, exploitation des données de l'enquête DREES-BVA*, décembre 2011.

Recherche et solidarités, *Développement du numérique dans les associations et nouvelles formes de mobilisations citoyennes*, juin 2014.

Recherches et Solidarités, *La France bénévole*, 2014.

RIZET Stéphanie, «Bénévoles et volontaires», *Le Monde diplomatique*, mai 2013.

ROUDET Bernard, «Participation associative : des jeunes plus engagés dans la vie de la cité», *Jeunesses*, études et synthèses de l'Observatoire de la jeunesse, INJEP, n° 4, mai 2011.

SUE Roger, PETER Jean-Michel, *Intérêts d'être bénévole*, rapport de recherche, Université Paris Descartes, novembre 2011.

TABARIÉS Muriel, «Les présidents d'association en France : quels profils et quelles trajectoires ?», ministère de l'Éducation nationale, de la Jeunesse et de la Vie associative, *Stat-Info*, n° 11-03, décembre 2011.

UNAF, *L'Engagement des jeunes comme bénévoles : perception des responsables d'associations*, avril 2013.

Chapitre 4

CPCA/CNAM, *La Gouvernance des associations : synthèse des résultats de l'enquête quantitative*, mai 2012.

DANSAC Christophe (dir.), *Gouvernance des associations et motivations des bénévoles*, 2012.

FONDA, *Associations et gouvernance : quel équilibre des pouvoirs dans les associations demain ?*, mars 2012.

HOARAU Christian et LAVILLE Jean-Louis (dir.), *La Gouvernance des associations*, ERES, 2008.

Chapitre 5

Comité de la Charte, *Baromètre de la confiance*, octobre 2014.

FONDA, *Associations et économie : quelle capacité d'innovation et quelles ressources pour sortir de la crise ?*, mars 2012.

FREMEAUX Philippe, *L'Évaluation de l'apport de l'économie sociale et solidaire*, rapport, novembre 2013;

Rapport de la commission d'enquête de l'Assemblée nationale, *Les Difficultés du monde associatif dans la période de crise actuelle*, novembre 2014.

Chapitre 6

ARCHAMBAULT Édith, «Diversité et fragilité des associations en Europe», *CNAF Informations sociales*, 2012/4, n° 172, p. 20 à 28.

MONZON José Luis et CHAVES Rafael, *L'Économie sociale dans l'Union européenne*, résumé du rapport d'information élaboré pour le Conseil économique et social européen par le Centre international de recherches et d'information sur l'économie publique, sociale et coopérative, janvier 2013.

Imprimerie de la Direction de l'information légale et administrative
N° 604150140-000415 – Dépôt légal : avril 2015
PEFC 10-31-2190 IMPRIM'VERT®